[英] 雷切尔·劳斯 (Rachel Lawes) ———— 著

屈文苑 ———— 译

符号助销

提升营销魅力的设计思维

USING SEMIOTICS
IN RETAIL

Leverage Consumer
Insight to Engage Shoppers
and Boost Sales

中国科学技术出版社

·北 京·

北京市版权局著作权合同登记　图字：01–2022–5722

图书在版编目（CIP）数据

符号助销：提升营销魅力的设计思维 /（英）雷切
尔·劳斯（Rachel Lawes）著；屈文苑译 . — 北京：
中国科学技术出版社，2023.5
书名原文：Using Semiotics in Retail: Leverage
Consumer Insight to Engage Shoppers and Boost
Sales
ISBN 978–7–5046–9958–9

Ⅰ . ①符… Ⅱ . ①雷… ②屈… Ⅲ . ①营销管理
Ⅳ . ① F713.56

中国国家版本馆 CIP 数据核字（2023）第 033252 号

策划编辑	褚福祎	**责任编辑**	褚福祎
封面设计	创研设	**版式设计**	蚂蚁设计
责任校对	焦　宁	**责任印制**	李晓霖

出　　版	中国科学技术出版社
发　　行	中国科学技术出版社有限公司发行部
地　　址	北京市海淀区中关村南大街 16 号
邮　　编	100081
发行电话	010–62173865
传　　真	010–62173081
网　　址	http://www.cspbooks.com.cn

开　　本	880mm×1230mm　1/32
字　　数	232 千字
印　　张	11.25
版　　次	2023 年 5 月第 1 版
印　　次	2023 年 5 月第 1 次印刷
印　　刷	北京盛通印刷股份有限公司
书　　号	ISBN 978–7–5046–9958–9/F·1098
定　　价	69.00 元

序

　　我与本书作者雷切尔·劳斯相识于一场糖果商会议，当时她正向对方介绍如何设计才能让消费者在购买产品时感到愉悦，这种想法在当时是很新颖的。她通过符号学告诉我们如何才能让消费者更简单、更方便地购买糖果。她的洞察力和理解力之强让我大为惊叹。

　　在接下来的13余年中，我与她或直接或间接地在不同的项目中合作，每一次我都能获益良多。

　　从20世纪90年代起，我就一直从事消费分析领域的工作，可以说符号学给这个领域带来了许多有价值的理念。不管我们讨论的问题是什么，我们大脑处理的信息量是非常大的。我们的各种思考，无论有关品牌、价格、环境还是背景，都会影响我们最终做出的购买决定，但是当问到购买的原因时，很少有人能清楚地说出个所以然来。但是，符号学，或者说对于符号和标志的了解，却能让我们更好地理解自身行为带来的影响。当雷切尔让我们关注某些方面时，我们就能看到这些影响。但是在我们了解符号学之前，我们可以说对这些现象熟视无睹。

这本书里有大量实例，能帮助我们更好地了解如何运用符号学来提升零售效果。我认为无论是线上还是线下的零售商或供应商，都会从本书介绍的实例中学到东西，都能从符号学的角度更好地知道如何引导消费者的消费行为。

基斯·斯莱特（Keith Sleight）

联合利华消费者市场研究部市场研究经理

前言

　　亲爱的读者，现在你手上拿着的是一本内容丰富、好看、有格局的书。这本关于零售的书，在我第一本书《营销符号学》（*Using Semiotics in Marketing*）的基础上，增加了一些有关零售、消费者行为以及符号学的新观点。这些新观点，我对它们很满意，也希望你能喜欢。但是我不得不承认，现在本书呈现的内容与我之前的设想不完全一致，发生了一些变化。现在我想告诉你在我写作的时候发生的真实故事。

　　在我最初的设想中，本书应该是实用技能占主体的一本书，因为营销人都喜欢有实用的建议和精练的语言的书。在这类书中，你能知道实体店铺（包括电商平台）、固定设施甚至包装上应该使用哪种标志、符号。这样的书对于读者来说很实用，当然现在本书里面也都包含了这些内容。我认为本书是通俗易懂的，因为我有 20 年的相关从业经验，对于这个主题的研究已经非常深入了。

　　但是当我写本书写到一半的时候，许多事情已经悄悄改变了。

🛒 我对购物的认知变了

我不再认为购物仅仅是"在超市买袜子""上网给孩子买玩具""在晚餐时间订比萨"这样的行为。我开始意识到购物行为可能是人们获得"物品"的首要方式。这从人类学角度来说很有趣，因为在零售成为主要获取物品的方式之前，历史上的人类一度通过打猎、采集、制作、交换等行为来获取物品。而现在，很大程度上来说，我们是通过零售的方式获得食物、日用品和其他物品的。

也许你会问，这有什么关系呢？有关系，因为除了让我们吃饱、穿暖、开心以外，物品还有其他功能。它能告诉你"你是谁""你的身份是什么"。它能向别人传递信息，让你触入某些地方和社会圈层。比如到公共游泳池要穿泳衣，合适的领带或手提包能让你交到某些相同品位的朋友。更重要的是，囤积物品能让你有安全感。这听起来有点让人觉得天真，但是在英国确实是这样的。从历史或文化角度来看，英国人非常执着于买房子。如果买不到房子，他们会十分郁闷，这是一个普遍现象。此外，在新冠疫情期间，在我的国家，大家都开始囤积物品，比如卫生纸、酒精等，因为拥有物品能给人带来安全感。这种安全感可以通过零售行为获得。这对于零售商和营销人员来说是巨大的机会，当然也是沉甸甸的责任——除了对品牌的介绍和品牌内涵的思考，这也让我对本书整体的内容有了更深层次的思考。

🛒 零售业变了

当然，零售行业一直在变化。写本书时，我特意放慢其他工作的节奏，好让自己能抽空来完成这本书的写作。在此之前，我因为陷在客户项目的细节中而无法跳出来看到整个零售行业的大格局。一方面，我希望能够告诉读者，如何拍摄一个好的产品开箱视频或者用数码设备拍摄好的产品图片。另一方面，我也希望能告诉读者一些简单的事实，比如：谷歌在开发什么新的数码产品，脸书［Facebook，现改名为元宇宙（Meta）］近期的目标是什么，中国最火的商业模式与西方的有何不同。但是我最想让你花时间去了解的是：这些事实和理念是如何让我们看到精彩的人类社会和技术变革的。

符号学不仅仅是在收集材料后将它们拼凑起来。当你了解整体情况后，我们的工作才刚刚开始。这时候的挑战是如何利用一系列独特的符号学问题来检验情况并将符号学用到极致。设置这些问题的目的就是要鼓励研究人员勇于批判现时观点，不管这些观点是否已被大众认可。它要求研究者要提些深层次的问题，比如是否存在其他选择，给老百姓的好处和让其付出的代价，变革或者保持现状时谁会获益等。

符号学对我启发很大，让我对营销有了许多新看法。本书里随处贯穿着这些新理念。变化从未停止，也许朝着好的方面，也许朝着坏的方面。

🛒 我变了

我曾经就职于一家售卖家居用品和礼品的企业，那里的一个同事是负责圣诞节装饰品业务的。我现在想，她怎么受得了一年四季都在做圣诞节装饰品？但是她似乎并不对此感到抓狂——坦白说，刚开始写本书的时候，我跟她的想法是一样的。鉴于过去 20 多年里我一直在做销售方面的研究，帮助过许多品牌和零售商做品牌设计和终端销售营销，可以说我对这个领域很了解。可能也是因为这个原因，我购物的时候并没有太大乐趣。

等到我把本书写到一半的时候，我感觉自己已经不再是从前的那个自己了。我再也无法隐藏自己。显然，我现在购物的时候会很兴奋，而且有各种心理暗示和购买理由。很显然，从前的我，认为自己并不喜欢购物，主要是因为在我的意识里，购物指的是到实体店买自己不感兴趣的东西，比如洗涤剂。我顺手把某些行为排除在购物的定义之外，比如去亚马逊、全球速卖通（AliExpress）、卡斯艺术（Cass Art）、杰克逊艺术用品（Jackson's Art Supplies）等网站"逛逛"，或者心血来潮地去买笔、笔记本、素描本和其他办公用品。我之所以有意识地把这些行为排除在外，是因为网上购物太方便、太诱人了。我不需要"去商店"，也不会因为"不去亚马逊购物网站"就没法购物了。购物的机会随处可见，比如点击照片墙（Instagram）的"马上购物"图标、推特（Twitter）个人简介上的链接、红迪论坛（Reddit）上的"好物推荐"。它们总是在我脑子里挥之不去，让我蠢蠢欲动，想要购物。

我希望我能说，这些我本人心理和行为的自白，虽然有些尴尬，但是能让我之后更理性地购物。写完本书的时候，我已购物成瘾。我能预见到，除非我的日常生活习惯被完全改变，否则我不会停止购物。

因此，本书的内容也改变了。

🛒 本书变了

我写本书的初衷是给营销人员和零售商提供一些实用的小贴士和工具，不管你来自哪个公司、哪个行业或者身处何处。实际上我思考了很多，比我过去 20 年在任何其他场合思考得都要更多、更全面，其中很多内容是我之前给客户的建议。但是当我写作的时候，却发现想要写的内容比最初构思本书时多得多，回想起来，当初想的内容实在太单薄了。

在写作时，我突然意识到我会不由自主地写现在和未来的营销传播。总有营销研究人员说消费者是倾向于回看历史的，但消费者并非不善于预想未来，相反，由于信息获取方便，现在消费者比过去更能去畅想未来。但是大众与技术人员及商业大鳄之间的区别还是非常大的，后两者往往能引领未来，因为他们拥有实力和金钱。普通大众也能预想未来的惊天变化，但是他们缺乏支持者和数以亿计的金钱来使他们梦想成真。正因如此，原本我打算按消费者和企业进行分类的章节，现在将会进行更深层次的分类。我意识到，当我写到有关消费者的章节时，总是不由自主地只写当前的情况，因为我认为这就是现实。然而大家缺乏的不是想象力，而是资源。当我写到有关企业的章节时，总是不由自主地写到未来，因为企业能引领我们走向未来，并对构建未来快速地做出影响深远的决定。

幸亏写作时间充裕，我才能深入研究这些问题。随着本书内容越写越丰富，我能更好地体会到"零售和消费是文化的晴雨表"这句话的意思，也能了解人们是如何思考、如何行动和我们的生活是如何变化的。当我的思索在未来世界徜徉，追求符号学对于零售消费行为的意义时，我也发现了许多让我惊奇的人和事。在本书中，你会看到，有的人喜欢别人阻止他们购物，有的人把自己的物品全损坏了，有的人假装自己是马克·扎克伯格，有的人破坏股市秩序，有的人则不再相信别人是真实的人类。这些并不是我写本书的初衷，却是我停不下来写本书的原因。

现在，让我们回到正题吧。下面你将看到本书的结构，你将知道符号是如何帮你解决现实中的营销难题，提高企业的最低盈利点的。

🛒 本书结构

本书共 12 章，按顺序读下来就像读一部零售营销的历险记。

看完本书的时候，你会发现自己已经具备发现新的市场机遇的能力，并能想出零售的好点子，因为本书里有很多实用技巧。不管你是零售商、品牌商、营销人员或者市场研究人员，符号学会让你对零售、消费产生新的看法，激发你的创造力。并且，技巧运用越多，你越能熟能生巧。本书分为几大部分？涵盖什么内容？现在就来预览一下吧。

第一部分：符号学基础知识

本书前两章列举了符号学在商业领域应用的例子。第一章将把你带入符号学的多彩世界，向你展示营销人员是如何用它吸引消费者的。这章将不会出现难懂的理论，只有特别关键的术语和概念，能让你有信心接着读下去。在这章中，你可以了解符号学作为一门学科，是如何被应用于营销领域的，也能通过学习来回答一些常见的问题。

第二章讲述了零售业的变化，列举了我的一个客户的案例分析和相关访谈，目的是告诉你符号学是如何影响消费者的决策，最终实现增加销量的。我不仅是为了陈述事实，更是引导你用符号学原理来开展自己的项目。符号学是一门可习得的学问，同时也可以帮助你赚钱，比如可以让你提高店铺销售额，向他人提出创意点子或营销策略。

第二部分：符号学与营销中的"现在"

在这部分中，我们将详细了解消费者的日常生活和消费体验。

第三章是关于消费者的欲望的章节。这个话题相当有趣，对很多消费者来说，欲望就像家人一样亲密。它让我们在深夜时分上亚马逊购物网站上购物，让某一群人疯狂购买某类商品。

第四章关于让消费者了解品牌理念的几种方式，比如如何说服消费者相信他们看到的产品是"高品质的""天然的"或者"纯手工的"，如何让他们知道这些产品"物有所值"。

第五章探讨消费需求与消费行为。市场营销学已有与消费者有关的知识体系，所以本章讨论的主要目的不是消费者购买决策，而是从符号学的角度给你有关消费需求和消费行为的新观点，因为有价值的观点值得我们去发现。

第六章探讨消费与身份的关系。这是消费心理学中很精彩的部分，消费已经不仅是消费者如何用大牌产品向他人展示财富了，消费已经成为消费者宣示权利的方式，消费者希望品牌和商店也能这样做。

第三部分：符号学与营销中的"未来"

第三部分讨论的问题显然是由企业而非消费者掌控的。我们将谈谈近期的情况，当然也要大胆地预测未来，虽然未来的到来确实还很久远。

第七章将探讨未来的商业，这里包括但不限于零售业。我们将了解行为期货市场、中国的"双十一"购物狂欢节和"边玩边赚"的新商业模式。如果你之前见过这些概念，那么我想告诉你，我并不是在复述事实。在这一章，我会反复运用符号学来引导大家思考这些"新发明"，因为这类压力训练能让大家产生新点子。

第八章谈论的是消费者的未来，或者说消费者将掌握什么工具，社会将如何变化。本章将讨论在科技的助力下，消费者之间真实但新型的关系以及科技给人类带来的负担和压力。

第九章谈论的是零售的未来。在这里，你会找到适合各种规模零售店的实用建议。实际上，本书的营销点子都适合各种商店和企业。如果你想得到有关传统小商店、网上小商店或者创意消费者体验设计的客观建议，你一定要阅读本章。

第十章讨论的是"新事物的未来"，其中也包括零售业的工作，还会讨论智慧城市。你所在的城市是智慧城市吗？消费者能通过智能设备获取你的服务吗？你知道全球的智慧城市之间有何不同吗？最后我们会探讨人类的未来，当万物联通时，即出现我们称之为"元宇宙"的时代时，你的品牌、生意会发生什么变化？

第四部分：用好符号学

本书最后两章与零售和零售营销的前景有关。第十一章可以为常见问题直接提供答案。如果你在吸引消费者、销售、产品管理和品牌信息传播方面有具体问题，而且现在马上就得行动起来，那么这一章你必须看。

第十二章则给你带来了一套强大、实用的工具，让你发现消费者文化中的价值。如果你喜欢符号学，或者在读完本书后喜欢上了符号学，想要有自己的新点子，那么本章有 15 个常用的提示。你可以在营销、消费和零售创新等方面使用。你会发现，每次使用符号学，都能有所收获。符号学能给你数种吸引消费者的方法，更重要的是能让你找到属于自己的发现。你能够在出现营销问题的时候第一时间解决它，并且为将来的变化做好打算。

本书和我前一本作品《营销符号学》正是这漫长的符号学旅程中的阶段性成果。我多年来在高校读书，并获得心理学博士学位，然后开始创业，致力于为全世界的品牌解决营销难题。如果你现在还看不出符号学的作用，那么我告诉你，符号学能改变一个人。它会推翻我们曾经熟悉和依赖的理念，给我们带来新鲜、令人欣喜的新点子，虽然这些点子有时也可能令人惊讶。符号学知识最终会改变你的职业生涯，甚至改变你的生活。

准备好了吗？让我们开始徜徉在营销与符号学知识的海洋里吧。

目录

第一部分

符号学基础知识

第一章　符号学将改变你的零售职业生涯 __002

第二章　联合利华集团如何应用符号学 __025

第二部分

符号学与营销中的"现在"

第三章　消费者的欲望 __058

第四章　如何传递品牌理念 __082

第五章　消费需求与消费行为 __111

第六章　消费与身份 __134

第三部分

符号学与营销中的"未来"

第七章　商业的未来 __158

第八章　消费者的未来 __187

第九章　零售的未来 __215

第十章　新事物的未来 __241

第四部分

用好符号学

第十一章　符号学应用问题速问速答 __272

第十二章　如何用符号学想出好点子 __305

致谢 __331

参考文献 __332

PART 1

第一部分
符号学基础知识

第一章
符号学将改变你的零售职业生涯

　　如果你是零售商或零售营销行业人员，想要获得易操作的点子来快速销售产品，那么本书有很多现成的点子供你选择。但给你点子不是本书的主要目的，本书更重要的目的，是让你即便面临挑战和压力，也依然有能力及时找到创新的零售方案。

　　在这里，我想和你分享我作为营销人员，每天都会使用的一套方法。大家往往认为这是一种研究方法，但实际上它仅仅是一种角度，是看待我们周遭环境的一种特殊方式，这些环境中有实体店、应用程序以及发生零售和消费行为的任何地方。因为这个方法独特而完整，所以自然而然地能让人产生原创且令人耳目一新的见解。你可以从本书中学到这种方法。它就是"运用符号学"，它是我谋生的工具。我曾经通过运用这种方法，帮助零售商和他们的营销人员增加了客流量，提升了客户参与度、销售额和利润。我可以用现成的营销手段来满足消费者需求，更重要的是，我能将这些可复制的技巧分享给我的同事们。

我将与你一同分享本书中的故事。通常我会与我的客户——国际顶尖品牌的大老板们——分享这些故事。这些资深人士喜欢和我在一起，因为我总能给他们带来新思路，而这些新思路往往是营销人员或市场研究人员所没有的。他们对产生这些新思路的思维过程非常感兴趣，但是由于事务缠身，他们只会直接进入战略层面的思考，而不愿意花时间了解符号学的技术细节。本书是给他们的，也是给你的。在这种情况下，我通常会对客户说："让我告诉你，我在购物时看到些什么。"——例如某类特定的产品、食物或当日的促销品。我会利用有说服力的文字和图像，向客户提供有关营业地点、品牌或产品品类的新看法。他们不仅能从这些见解中获益良多，也能知道如何从符号学的角度看待世界。现在我也可以教你做这件事，但我们不需要事事都依靠符号学来理解。

我打算在本书中，告诉你我对消费者的看法和对客户体验及零售惯例的看法。我会分享一些让人印象深刻的案例，给你一些活动建议，让你形成一套独特的符号体系，令你在现在和将来，都能在自己的品牌或者零售店中使用。

现在，咱们还是直奔主题吧。我保证让你在读到有趣故事的同时，还能打开新思路。所以让我们马上开始吧，先分享一个相当惊人的故事，一个有关果酱和死亡的故事。

一个零售业的符号学故事："死亡果酱"

曾经，一家制作传统高端果酱的企业请我给它的产品取名。这款产品用料足、口味种类多，产品故事围绕欧洲历史和高雅展开，非常吸引人。这家企业花了大价钱租了一家门店。这家店不大，但是位于风景如画的老城区，几乎每个到欧洲旅游的游客都会去那里。企业花了一大笔钱装修。因为他们想将店面设计得高雅，有品位，所以采用比较简约低调的设计。墙面和货架大量使用黑色，用金色字体突出品牌名称，且字体不大。墙头也用了黑色，使人感觉这是造型美观的拱形天花板。地板则是奶油白的石砖。柜台和陈列柜用浅色木头制成，上面有少量的黄铜装饰物。店里的店员则穿着优雅的黑色制服，给人一种端庄典雅的感觉。从门外看，橱窗里摆放了一罐罐的果酱，两侧挂上了窗帘，柔和的灯光映照着果酱。边上则摆放着一张古老的画像，也许画中人就是这家企业的创始人。

每一处设计都很用心，但效果却不如预期好。消费者喜欢这个产品，品牌知名度很高，品牌的故事也是有一定效果的。但是有一些地方，消费者并不喜欢。这家企业联系了我，我带着相机到那里走了一趟。最主要的问题，或者说符号学当时给我的"提示"是"我曾经在哪里见过这个场景？"当消费者接触新品牌、新商店或者有新的消费体验时，总会有意无意地问自己这个问题。巡店结束后，我对"我曾经在哪里见过这个场景？"这一问题的答案已经了然于胸。所以当我回到办公室时，很容易就能根据我拍的照片来证实我的直觉判断。

当我将自己拍摄的和网上找到的两组照片放在一起时，"我曾经在哪里见过这个场景？"这一问题的答案就显而易见了——遗憾的是，这家果酱店的门店设计跟殡仪馆、火葬场、地下室、骨灰罐很相似，这会让人联想到死亡。

标志和符号

在符号学中，"标志"和"符号"是高频词，它们是传递信息的词。上文故事中的果酱企业在打造高端食品空间时，不小心用了以下这些符号：

● 殡仪馆：尤其是灵堂，通常会挂厚重且拖地的净色褶皱窗帘（在适当的时候用于隐藏或展示棺材）。屋内灯光柔和，无法透进自然光，营造出一种凝重、肃穆的氛围。

● 火葬场：上网搜索"火葬场"就能找到有关图片了。此处有两个重要的标志：第一个是骨灰罐，果酱罐的形状恰好与它一样。在刚才商店的橱窗展示中，这些骨灰罐形状的果酱罐摆在橱窗里，外面罩着玻璃罩。这里还有另外一个火葬场的关键标志：大幅人物照片。

● 地下室：走进店里——你要勇敢地经过外面的橱窗（仿佛正在给橱窗里相片中的人开追悼会），然后进到店里，准确来说是像进入地下室。地下室通常都是石头地板，拱形的天花板很低（因为建在地下），主要的颜色为黑白两色，装修材料主要为天然石头和木头。

● 棺材：在这个果酱店所在的国家，大部分的棺材都是用浅色松木或白杨木做成的。棺木上有少量黄铜装置，通常是正方形或盾牌形状的小凹槽，与果酱店的柜台和陈列柜的设计完全一样。

● 骨灰罐存放室：在骨灰罐存放室中，骨灰盒通常会存放在架子上。果酱店里的罐子，再加上没有任何装饰的标签以及灰色调的架子，活脱脱呈现出一个骨灰罐存放室的样子。

现在你大概知道为什么这家企业的销售没有达到预期的结果了吧。通过提出"我曾经在哪里见过这个场景？"这一问题，并做好后续的研究，我很快找到了让这家企业重新崛起的方案。我还是回到以高雅为特色的品牌故事本身，从欧洲的设计史入手。在这一过程中，我发现在这个国家的某段时期，有许多高雅设计也是很活泼、欢快、吸引人的。于是我提了以下几个建议：

● 门店应该以特别的色彩搭配，其中只用一点点黑色，与饱和的珠宝色和柔和的淡彩色形成对比。

● 在柜台、陈列柜、桌子上绘画。在刚才我提到的那段时期里，家具工匠喜欢在木头表面绘画，并且通常画的是乡村景色。

● 店员的制服设计。乡下人和服务员的衣服与贵族阶层相比是很简单的，但是多用明亮的色彩、花卉图案和灵动的剪裁，不会像现代殡仪馆人员的着装。

● 多种食物展示方式。除了装果酱的罐子，店里几乎看不到食物。但是在品牌故事中的那个历史时期，糕点和其他食物应该是制作精美、摆盘精致的。

● 使用各种视觉辅助工具，比如各种图案、门口和窗户处的品牌装饰物等，让商店在显得有档次的同时能够吸引消费者。

这家企业认为这些建议直截了当、易于操作。骨灰罐存放架般的一排排整齐的货架被撤下，被换成了奶油色的木头家具，上面还绘有田园风光的浪漫图案。在设计屋内固定设施时，特意空出了较多的公共空间，以便日光能透进房间，让屋里亮堂起来，让人不再有置身于地下室的感觉。同时，移走多余的家具，让顾客觉得空间宽敞舒适，能促使他们四处走动。产品包装也开始使用暖色调，符合品牌故事中的那个历史时期和现在消费者的喜好。这家店甚至开始卖起了限量版的家居用品，这些家居用品全部使用天然材料制成，并绘制了特别设计的田园风光图案。此举增加了果酱店的客流量和销量。大家都开心极了。

当新冠疫情悄然而至，面对此类特殊情况，零售商面临着一系列的新问题，需要更大的智慧和想象力去解决问题。因此营销行业人员更加需要学习符号学知识。

"死亡果酱"是符号学应用中一个很简单的例子，只涉及一个城市里的一家店铺，所以我能在这里用很短的篇幅就把整个故事说清楚，而且这里只用到了符号学思维的一两个方面而已，事实上符号学知识是浩瀚无边的。因为应用符号学的方法简单、易操作，所以我们从现在就可以开始练习，将学到的符号学知识用到自己的工作中去。

练习：我曾经在哪里见过这个场景？

"我曾经在哪里见过这个场景？"是符号学的基本问题。

你不必从自己的品牌或者店铺开始分析。一旦你开始用别人的例子分析，你会发现符号学是很容易上手的。可以从分析竞争对手开始。当你开始理解符号学时，就能更客观地看待自己的品牌。

找到你感兴趣的零售店和产品类型，收集相关照片，最好能找到商店的外观和室内设计的一些细节图，如果可以的话，找一些有地板、天花板、灯光效果和室内标志的图片。

根据问题来审视所有照片，然后问自己"我曾经在哪里见过这个场景？"不要把答案存放在心里，要记录下来，然后寻找证据。如果你的直觉是对的，那么很容易就能找到证据，就像"死亡果酱"的例子。如果还未能找到证据，或者你的问题在消费者看来根本不算问题的话，请你回到照片上来，重新寻找问题。这世上没有什么新鲜事物。（符号学家很喜欢说这句话。）如果某事物已被创造出来，那么与它类似的事物必然已经存在——它必定有参照物，否则我们无法凭空创造出新事物。

下面有一些例子，让你知道该如何回答"我曾经在哪里见过这个场景？"这一问题。

例：商店门口的气球

我曾经在哪里见过这个场景？应该是派对、庆典活动，特别是儿童派对。这个符号适合季节性活动、促销或者单纯地营造节日氛围。

例：黄色和黑色的组合

我曾经在哪里见过这个场景？黄色和黑色组合通常用于警示。这组配色能提醒人们注意化学危害：辐射、地面过热、磁场等。无独有偶，部分凶猛的动物也是这组配色，比如黄蜂和一些毒蛇。人们总能将这组配色和不好的体验联系起来。比如，我们跟自己说，看到黄色和黑色的组合要特别小心，因为它们代表着危险。所以我们喜欢用这种配色来警示危险。如果你把黄色和黑色作为品牌或门店的主色调，那么你就得好好想想了。你是打算警示消费者或是暗示这里有危险吗？如果你销售的是登山运动或探险设备，那用这种配色非常合适。如果你卖的是日用品，这样做就不太好了。我们稍后来分析一下相关案例。

例：公共场所的背景音乐

我曾经在哪里见过这个场景？你在实体店或者数字商店听到音乐的时候会问这个问题。我曾经去过比利时的一家著名的中档玩具店，那里主要售卖婴儿和儿童的玩具与书籍。当我在店里安静的环境中检查要买的毛绒玩具时，突然听到商店广播里播放了一首背景音乐。我听过这首歌，但是突然想不起来歌名了。于是我掏出手机，打开音乐雷达（Shazam）软件识别，立刻查到了这首歌是美国歌手艾斯·库伯（Ice Cube）的《好日子》(*It Was A Good Day*)。这首歌于 1992 年发行，并在后来不同的专辑中重新出了好几个版本，其中一个版本就是这家商店播放的这首。

我曾经在哪里听过这首歌？艾斯·库伯是美国的嘻哈（R&B）歌手，同时也是一名演员和电影制作人。1992 年，他正处于匪帮说唱（Gangsta Rap）界的最前沿。这首歌收录在他第三张专辑《掠夺者》(*The Predator*) 中。这张专辑的主题是反对贫穷、种族歧视、暴政和对非裔美国人的打压。这张专辑是一种呐喊，歌曲是愤怒的。"我的朋友没被杀""很高兴不必使用 AK-47 冲锋枪"是《好日子》这首歌中的歌词。

我在思考这类符号时喜欢用的一个提示是：所有的符号都指向一致的方向，还是不一致的方向？有没有部分符号指向反方向？在比利时玩具店，一个精心打造的中产阶级父母带孩子来的地方，背景音乐"好日子"这一符号就指向了反方向。在"死亡果酱"的案例中，几乎所有的符号都是联系紧密且指向一致方向的，只不过这不是老板故意为之，也不是有利于销售的方向而已。

现在你可以了解为什么符号学对于品牌工作人员、零售商和营销人员来说如此有用了吧？它能帮助我们快速发现并解决问题，创造更好的购物体验和获得更高的利润。

符号学的提示性问题

本书列举了一系列的提示、问题和假设，它们对于解决更大的问题来说至关重要，我认为更大的问题是需要企业和学界共同解决的普遍问题。

当你提问时，要知道你还能得到很多人的帮助。不管是现在还是过去，我们都可以互相学习。好消息是你现在马上就可以运用前人的智慧了：你无须获得相关学位就可以运用符号学知识。我们之前已经看过 2 个例子了，后面还会有更多的例子。

以符号学的 2 个基础问题，开始你的学习之旅吧。

● 我曾经在哪里见过这个场景？

当你要开店铺或者向消费者推荐新产品时，消费者为了让自己能够弄明白你的产品，会问自己这个问题。你所展示的东西往往能勾起他们的回忆，无论这个回忆是小说、电视节目和电影里古老欧洲的浪漫场景，还是 20 世纪 90 年代在洛杉矶中南部的抗议暴力的活动，这个抗议活动被认为是"黑人的命也是命"运动的鼻祖。

● 符号标志是否指向一致的方向？

当你观察自己的品牌、设施或者购物平台时，是否所有的要素都"指向一致的方向"，比如颜色、形状、材料。假设大部分的要素都指向一致的方向，而且这些要素都是被精心挑选出来的，那么你想要为消费者营造怎样的购物体验呢？是让人兴奋，还是放松？是适合儿童，还是成人？是让人感觉徜徉在魔法森林里，还是感觉在机器里？是故意为之的吗？

符号学的总体方法：抓住重要事实和关键概念

作为职业顾问、营销人员、供应商，我每天都要用到符号学的方式来思考。符号学的思考方式不仅是要思考某事物能让你联想到什么，或者找出品牌的哪方面或环境与其他要素不一致。有一个词语叫"符号挑战"[同时也是杰出的符号学家罗兰·巴特（Roland Barthes）的著作的名称]。这些单独的问题最终都是为了解决这个挑战。本书的初衷就是鼓励你挑战自己，找到能开阔眼界又有实际意义的答案。在继续探索之前，你还需要一些基本装备，就像托尔金（Tolkien）在《指环王》（*Lord of the Rings*）开篇写的那样，有人给佛罗多·巴金斯（Frodo Baggins）赠送了魔剑和盔甲——记住这个美好的画面，然后我们就可以开始一段你从未了解过的营销之旅啦，当然，在旅途中也要随身携带几件基本物品。

符号学研究文化，而非个体消费者

符号学是作为市场研究的一项内容而兴起的。自从买方和卖方发现符号学具有释疑、解决问题和战略思考的作用后，它便发展为更重要的学科。抛开它的重要性，我们来看看符号学和其他市场研究的方法，是如何帮助人们快速了解符号学的内涵及应用的。

在图 1-1 中，根据对消费者的不同看法，我将市场研究方法分为两大类，即由内到外和由外到内的研究方法。

历史上，市场研究的主要方法、工具和理论都是在心理学学术发展过程中产生的。心理学，主要与个体和他们的所思所想有关。它倾向于认为每个个体都是不同的，都有自己的个性，脑子

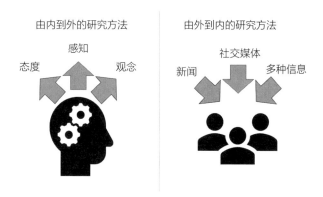

图 1-1　由内到外和由外到内的研究方法

里都有一些隐藏的东西能让市场研究人员感兴趣，比如态度、偏见、需求、动力等。研究人员和他们的被研究者都能接受这个观点。研究人员通常会使用一些心理学工具，比如调查问卷、精心设计的采访、心理投射法等，来挖掘人的心理学范畴的东西，并使它外化可现。这就是由内到外的研究方法［该术语第一次出现在我 2002 年发表的一篇学术论文《揭秘符号学》(*Demystifying Semiotics*) 中］。

　　还有另一类研究方法，给市场研究领域带来了重要变化。不同于第一类方法需要找出人脑中隐藏的心理学范畴的东西，这种研究方法要追溯的是产生这些心理学范畴的东西的源头。这些态度、观念是从何而来的？在这种研究方法中，源头通常是消费者周遭的环境。不管是符号学、民族文化学还是话语分析的研究方法，研究的主体永远是文化。这 3 种研究方法都包含了大量的人类学知识。你也许会听民族文化学讲座，了解打扫房屋、启动汽车和开电脑前的"仪式"代表什么。但在此之前，你已经或多或少了解了人类学的知识。跟其他 2 种研究方法不一样，符号学的研究方法还能解读符号和标识的含义，比如前面提到过的"死亡果酱"的例子。这一大类的方法统称为"由外到内的研究方法"。

符号学研究文化，而非社会趋势

如果你有社会学背景，或者你的工作需要你定期分析社会趋势数据，那么现在你肯定想知道符号学家如何定义"文化"一词，它和"社会"的区别在哪里。"社会"一词也许更容易理解，也更容易量化。这里帮大家简单区分这 2 个词语：

社会：人类群居的集合体。社会有大小，在全世界的社会中，人们会设立一些制度，比如和婚姻、家庭、教育等相关的制度。

文化：使社会之间有差异的元素。在商业符号学实践领域中，"文化"可以理解为"一个社会的所有交流输出"。

我认为"交流输出"的定义是非常广泛的，因为它包含了人类发明的一切，这一切事物让他们之间的文化相似却不完全一

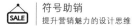
致：比如黄色的校车、午饭时餐桌上的酒、雪量多少能让人感觉
是灾害。

之所以在本章开篇之时我强调"我曾经在哪里见过这个场
景"这个问题，是因为我要代表消费者问这个问题。当你向消费
者展示新产品、新包装、促销活动或者购物平台时，消费者会用
他们的文化经验来解读你的营销，并且对你的产品是否吸引人或
者满足他们的需求做出判断。比如消费者需要马上知道，果酱店
就是售卖果酱的地方。当地文化则是消费者做出此类判断的重要
因素。

符号学的作用就是分析符号和标志并告诉你其含义

这可能是符号学最简单的定义，在营销中经常会看到它，它
也说明了符号学家的工作内容：查看要素，特别是广告、包装、
店内标志等视觉传播材料，并找出有意义的元素。符号学家能告
诉你，你的品牌颜色应该是红色而非蓝色，这样做能让消费者更
容易找到店内设施，从而让你的店铺更受欢迎。

找出并解析标志可能是符号学最有名、最具特色的内容了。
最为人熟知的应该是它使用自下而上的分析方法：从一个小单元
开始观察，比如超市设施或者某样带包装的物品，然后找到它们
对于消费者和竞争对手的意义。我们从最基础的细节出发，比如
店里播放的背景音乐，找到它对于消费者和企业的意义。

自下而上的分析方法是学习符号学的入门方法。不能说学会

这个方法就已经掌握了符号学，但确实是达到入门标准了。

通过反映社会和文化，符号学给人带来新的启示

这使我们分析的内容变得宏大起来。我们可以畅想新策略，在平台和产品上创新，从而打败竞争对手。这被称为自上而下的分析方法，如图 1-2。顾名思义，这种方法更注重从宏观而非微观的角度来分析问题或数据。

自下而上的分析方法往往是先从店铺里发现一个亮点，再分析它的含义以及它对品牌或零售的影响。而自上而下的分析方法则从社会、文化差异和宏观数据开始，当然也会分析社会趋势和大数据，但是这些通常是工作的起点而非终点，是提示、引导，

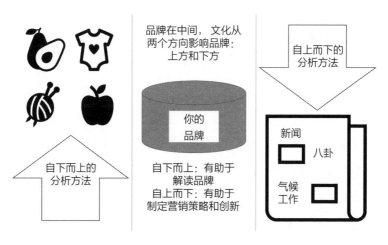

图 1-2　自下而上和自上而下的分析方法

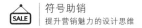
而非结论。

举一个例子。在自上而下的分析方法中，我们一般会从消费者行为模式改变开始思考，它是如何随着选举输赢、公众情绪变化等而变化的。我们的任务是通过文化来引导消费者解读这些客观、可量化的事件，比如在某些文化中，人们会在橱窗中展示孩子们的彩虹画以表示感激、希望和信念。

自上而下的符号学分析方法是先从最上层开始分析，然后往下分析，最后落脚于个体品牌的营销行为。

本书的目的并不是让你纠结这 2 种不同的方法应该选哪种。更重要的是，想让作为零售营销人员的你了解，虽然自上而下的分析方法需要你调动想象力、敢于展望未来，也许对你来说是一种挑战，但是一旦你了解了全貌，就能放开思想，为产品、品牌、领域想出独特的甚至是非常新奇的好点子。

大部分人在还未接触符号学时，不会运用自上而下的分析方法，当然这是因为他们没有得到清晰的指导。这就是符号学的另一部分内容了。图 1-2 展示的是这两种分析方法相辅相成的关系。

符号学指收集文化案例后对文化的正式解读，即运用关键的符号学知识来思考问题

在之前出版的书中，我对符号研究提供详细的、循序渐进的指导。这种方法是很受机构和客户委派的市场研究人员欢迎的，这些人一般都独立运营项目。在本书里，我们做一些不一样的事情。假设你想快速地找到一些好点子，我不会让你写一个总结或者做个报告，也不会让你参与太多市场研究类型的活动，这样你就不必收集太多的原始数据。我们会更着重于符号学的其他内容，并且在你阅读本书的过程中，我会向你抛出几个深刻、犀利的问题，让你可以马上学以致用。

我们在本书中会碰到这几个类型的问题或提示：

● 我曾经在哪里见过这个场景？

● 在现实中有与之相似的场景吗？

● 选择即合理。如果事物能通过另一种方式展示或完成，而实际上用以展示或完成的是现在这种方式，则说明现在这种方式是有其特殊意义的。

● 某些特定话题呢？如果是一个相对传统的品牌，价值观和消费者群都相对保守，那么这个问题还挺重要。如果你想吸引其他类型的消费者，你需要用正确且对他们而言较合理的方式与他们沟通。

● 如果某件事情是正确的，那么反之亦然。注意这只是一个假设，而不是陈述事实。

● 大部分有关符号学的事都可以囊括在本书中。

● 在每一个故事的背后总有一个别的故事。比如你第一眼看到的是果酱店，但是再看一眼会觉得这像是个殡仪馆。

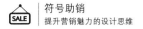

这样的问题在本书中还有很多。

如何在零售营销中应用符号学原理

下一章将详细探讨这个问题，在这里先做个简要的回答。作为一名职业符号学家，我曾经与很多人合作过，比如品牌创始人、品牌营销人员、小商店店主以及百货公司、购物中心、电子商城的所有者等。我们一起攻克了各种各样的难题，包括下面列举的。在之后的章节中将会出现大量诸如此类的问题和解决方案。

● 如何在电子商务中具有竞争优势？如何设计网站、挑选图片、制作视频才能让用户喜欢？

● 如何预测技术和社会变革对不同品类产品用途的影响，比如家居护理产品？

● 如何制订能引起消费者共鸣的品牌和营销计划？

● 消费者在商店里看到新品牌时，如何才能吸引他们的注意并使其对品牌产生兴趣？

● 如何帮助消费者找到有关商店和产品？如何让他们了解品牌结构，为产品使用和消费场景提供提示？

● 如何展示价签，让消费者对店内设施感兴趣并且体验产品？

● 如何让消费者在实体店和网店都能有美好的购物体验？

● 如何激发消费欲望，提高购物的愉悦感？

● 如何在商店里营造氛围，传递"优质""价值""天然"等
特定信息？

● 如何满足并偶尔打乱消费者的购物计划？

● 如何应对热点问题？

符号学对设计消费者体验有用吗

消费者体验和与其相似的概念——用户体验，这两个概念在
市场营销领域越来越热门。从某种程度上来说，这两个概念的起
源已鲜有人知了。消费者体验原本只是消费者服务中一项有限
的功能。用户体验则来源于人机交互系统——一个相当理性的学
科，将人体工程学设计和计算机系统的实际应用作为学科的首
要内容。从这两个概念的起源来看，体验的一部分已经逐渐变为
与消费者的深度互动、建立互信和忠诚关系、创造积极的情感体
验，而不仅是处理消费者投诉或是减少重复性劳损风险。

从解决问题转变为向消费者提供积极的消费体验，这种方式
的转变正是市场营销的重点转变：由产品销售变为关系营销、内
容营销以及帮助消费者、保真保正等。运用符号学正是解决文化
转变难题的好办法，因为符号学聚焦消费者日常生活体验的全部
以及他们带到消费场所的文化内容。

在第四章中，我为打造不同风格的消费者体验提了一些指导
性建议。在第九章中，我花了一点篇幅来讲"消费"和"体验"

之间的关系以及营销工作的重点和顺序。我是用未来的消费情境来讲述的，因为随着零售业的发展，大多数的零售专家和未来派都认定体验感在消费中的比重会越来越大。所以消费者体验这个概念将在第十一章再次出现，届时我会列出你可以在店里开展的系列活动，而且组织它们通常不需要很高的预算。

本书在消费者行为和心理方面与其他书有何不同

这是个很重要的问题，对那些没有时间读完本书全书的人来说尤其如此。此外，市面上也有很多有关符号学的书籍。实际上，与本书有关的书籍种类至少有 3 种。现在让我们来看看，当我们在阅读本书的同时，到底有多少种类的书籍是我们可以学习借鉴，同时能建立起我们对于零售和符号学的独特见解的。

有关消费者和消费者行为的商业类书籍有很多，作者和读者基本都是商业领域的人。最经典的著作有《卖：透视顾客心》（*Inside the Mind of the Shopper*）、《顾客为什么购买》（*Why We Buy*）。这些书里有大量实用的建议，都是基于对店铺内消费者的观察以及实战经验得出的结论。比如，第一本书的作者赫伯·索伦森（Herb Sorensen）会告诉你，商家需要帮助消费者找到他们所需的产品，因为这些通常都是热销产品，买它们也是消费者来这里的目的。第二本书的作者帕科·昂德希尔（Paco Underhill）告诉我们大部分的消费者进商店是不看指示牌的，虽然许多商店都有指示牌。他举了麦当劳的例子。在麦当劳里，人们只会找柜台和厕所的指示牌。除非人们已经完成点餐，否则不会仔细去看那些花里胡哨的菜单。消费者通常会先完成他们的任务，然后才有空闲去关注一些不那么重要的信息。

这类书，因为富有理性和经验性，所以都很受欢迎。这类书的作者尤其关注可见的行为，因为他们可以量化这些行为。我们从这类书中可以看出作者是花了时间亲自到超市或其他门店去观察的。但是如果作者认为心理指的是身体行为以外的东西，那么出乎意料的是，他们在消费者心理方面的着墨并不多。上文提到的2本书都着重撰写传统实体店的情况。昂德希尔甚至因为他的《顾客为什么购买》忽略了电子商务的内容而收到了很多投诉，以至于他在该书再版时不得不增加了有关电子商务的章节。

你正在阅读的本书将介绍一个不同的方法。我们对线上和线下商店一样关注，所以不需要不同的方式来对待二者。符号学会全方位来诠释零售，即便本书主要是关于文化与营销的，而文化又远比营销的范畴更广。但是令人惊喜的是，通过符号学我们可以了解到许多鲜活的、让人激动的消费者心理学知识。消费可以促使人类产生某种情感，比如当你刚开完一个艰难的商业会议后，你会想给自己买一支口红作为奖励，或者在感情受挫时会想冲去商店买一杯冰激凌。

像皮埃尔·布尔迪厄（Pierre Bourdieu）的《区别：判断力的社会批判》（*Distinction: A Social Critique of the Judgement of Taste*）这样的著作非常多，其中一些是很有趣的，且有很多独到的、让人印象深刻的见解。如果你知道如何发现这些见解并予以合理运用，你会发现这些都是珍贵的宝藏。这本书是我最喜欢的著作之一，当然市面上还有很多其他著作。

皮埃尔·布尔迪厄是法国哲学家、符号学先驱，曾在 20 世纪 60 年代和 70 年代在法国发表了许多有关品位与社会阶层的著作。即使已经过去很久，他的观点并没有因岁月流逝而被后世遗忘。

如果你是零售商或者营销人员，并在营销方面有一定的影响，那么我希望布尔迪厄的观点能激发你的想象力。不管你要卖的是什么，布尔迪厄关于即时享乐和延迟满足的论断能给你在包装、标志、设施、促销、小程序开发、店铺室内设计等方面提供许多实用的建议。你在本书里也能看到很多这样的观点，而且我会使用通俗易懂的商业用语来替代晦涩的学术语言。

下一章将深度探讨符号学是如何应用于快速变化的零售营销行业的。我会与你分享一个大客户的案例，讲解符号学是如何让他的企业变得越来越成功的。

第二章
联合利华集团如何应用符号学

在开始本章之前，请允许我对联合利华集团表示感谢。我很荣幸能作为符号学领域的咨询服务供应商为联合利华集团消费者市场研究部服务超过 7 年。同时非常感谢联合利华集团对本书的支持，更感谢基斯·斯莱特为本书作序。本章主要围绕与联合利华集团荷兰总部全球消费研究经理艾丽斯·克莱默斯（Iris Cremers）和法国的消费与商贸研究经理科琳娜·特伦特（Corinne Trentadue）的采访展开。

我们的采访涉及多个话题。在采访中，我会穿插一些实例来支持艾丽斯和科琳娜的观点。你可以通过这种方式来了解我们的工作以及我是如何帮助联合利华集团获得品牌成功的。

图 2-1、图 2-3、图 2-4 和图 2-5 的版权为联合利华集团所

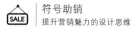
有，经联合利华集团同意后在本书使用，严禁未经联合利华集团书面同意而翻印、复制或存储这些图片。

> **本章内容能帮助你**
>
> ● 了解快消行业是如何使用符号学知识设计品牌、包装和销售点的。
>
> ● 思考消费者研究中应该使用的工具，符号学在其中做出了原创的和有价值的贡献。
>
> ● 了解并使用几个符号学原理来实现跨类别和市场的国际化设计。
>
> ● 运用灯光和室内标志的小技巧让人产生快乐、轻松的购物体验。
>
> ● 制作内容丰富的社交媒体图标，且不会让人不舒服或者信息量过大。
>
> ● 当你喜欢或者不喜欢某个设计时，可以说出你的理由。

案例说明

我有幸和艾丽斯·克莱默斯一起在荷兰工作了5年左右，共同完成有关市场研究的项目。她之所以认识我，是因为我之前和联合利华集团南非组、美国组、墨西哥组都有过合作，并且在符号学领域取得了一些突破。科琳娜是我近期才认识的，本书写完时，我们刚刚一起完成了一个项目。

艾丽斯：我的职责是消费洞察，我们消费者市场研究部的职能和工作目标就是让大家购物更方便。我们希望消费者做选择时能更容易，购物体验更好。我们也希望通过给零售商一些研究结论，让他们决策更轻松。在联合利华集团内部，我们的工作也能使其他部门的人更容易了解购物的本质。我和科琳娜一起开发了几个工具，她是这个领域的专家。现在这些工具也在行业内被广泛使用。在这些工具里能找到许多符号学的影子。有关符号学的研究支撑了联合利华集团的其他研究，同时它也得到了其他研究组的支持。

消费者市场研究部是联合利华集团中非常注重心理研究的部门。我们许多同事都非常依赖数据驱动，也很热衷于研究人的大脑。我们集团内部有许多的工具和清单是依靠其他研究方法开发的。运用它们，研究员只要花上几分钟就可以得到结果。

如果我们仔细看的话，就会发现这些研究与符号学联系很紧密。很多事情最终还是回到符号学上来。我认为符号学是许多心理学或者社会科学的基础。

用符号学知识来设计品牌、包装和销售点

艾丽斯：在集团内部，我们用符号学知识来设计品牌、包装和销售点。可以通过用符号学知识设计主视觉来准确传递信息，吸引消费者。

科琳娜：不管从人性角度还是未来角度来看，符号学都是一门有趣的学科，也是一门大学问。最关键的是如何通过包装、标志设计、产品展示来传递信息，通过色彩、形状、人物、文字等不同元素组合的设计来向消费者传递特定信息。举个简单的例子，当说起艾科（Axe，一种男士香水），你立刻想到的就是它的黑色包装。如果该香水突然将包装换成绿色或黄色，消费者可能会感到疑惑。

我：其实这就是品牌识别和如何认出品牌的问题，但是也跟色彩有关。黑色代表男子气概，是让人信赖的标志。黄色和绿色在男士香水领域则无法达到这种效果，所以如果使用这些颜色就很难让人知道你要传递的信息。

对于我的客户、朋友和市场研究部门的同事来说，包装是最容易应用符号学知识的地方。很显然，包装主要由视觉标志和语言标志（即图像和文字）构成。相比之下，"家庭用餐时间"或者"感觉是糖果屋里的孩子"这样的情感则需要在符号标志和应用上下更大功夫，做更细致的考量。

2021 年，联合利华集团对梦龙（Magnum）冰激凌的品牌标志进行重新设计，聘请了阳光屋公司（Sunhouse）负责创意设计。最后由联合利华集团内部员工和阳光屋公司的品牌传播专家组成品牌重塑小组选定最终方案，而我有幸加入了这个小组。联合利华集团希望品牌标志能够尽可能传递愉悦和优良品质的信息。与旧版包装相比，新版包装在许多方面进行了改进。在这里，我只拿其中的一个元素——品牌标志来展开。如果你将新旧两版的包装进行比较，你就会发现许多有意义的改变——哪里有交流的意义，哪里就有符号学。

图 2-1 把新（右图）旧（左图）两个品牌标志并排放在一起。品牌重塑小组也赞同新版本，认为新版本"更好"。参与定性研究的消费者也这样认为。符号学在审视品牌和品牌传播时有

图 2-1　阳光屋公司为联合利华集团的梦龙重新设计的标志
（经联合利华集团同意后使用该图）

其特定的方式（在本书中我会尽可能多地与大家分享），它能告诉你为什么某些营销理念和设计会比别的更胜一筹。它能让你知道什么是"更好"。

在新标志中，金色色调让它显得柔和了许多，而不是刺眼。虽然旧标志曾经看起来不错，但与新标志相比，旧标志的金色看起来更像黄铜色。新标志的金色看起来更加含蓄、奢华，更接近真正的金色，而不是黄铜色。

然而，除了把金色更换为较柔和的金色之外，我们在新标志上还做了很多改动，我会跟大家一一说明。通过添加金色让产品看起来更高档，这并不是营销的新技巧——各品牌都在这样做。问题在于，当任何人都可以这样做的时候，就会出现很多不成功的案例。而且，在标志中使用金色成本并不高。曾经在包装上使用铝箔就已经很了不起了，但塑料镀金方法的发明意味着几乎所有品牌标志都可以使用金色。得益于轻薄塑料薄膜流动覆盖包装技术，现在很容易就可以完成金属抛光处理。你可能会在廉价巧克力棒或薯片袋上看到这种设计。直到今天，还有很多并不高端的食品使用颜色花哨、闪亮的金属包装袋。金色已经不如以前那般金贵了。

我之所以把这些告诉你，是因为联合利华集团希望梦龙是高端的、迷人的品牌，这对联合利华集团来说很重要。随着时间推移，旧标志越来越难以完成这一使命，因为其他不知名的品牌也在包装上使用闪亮的金色，甚至整个包装都是饱和度很高的金色。这个新标志在设计上更含蓄，让梦龙把那些低端品牌甩在了后面，至少目前达到了这样的效果。

我想让你注意的是，旧标志的设计是相当刻板的。如果你问一个没有经过设计培训的普通人，他很有可能会告诉你，他会画一个圈，在中间写上名字，然后加上一些花样，比如在品牌名字上用金属色，因为这很容易想到。阳光屋公司设计的巧妙之处在于它保留了旧标志中的圆圈，并在除了品牌名以外的其他地方使用更柔和、更精妙的金色。新标志很像版画，加上圆圈，能让人联想到金属印章和封蜡。这些东西日常通信已不再使用，但是会让消费者觉得很尊贵，因为只有授予某人重要文件时才会用到封蜡。这种巧妙的设计会提升品牌标志的档次，让品牌与众不同，同时仍然能被消费者认出是梦龙品牌。

营销人员的工具

我：跟我说说你的清单。我给了你一些符号学的点子，供联合利华集团的所有人学习和使用。你把这些点子加进了工具列表里，对吗？

艾丽斯：是的，每次我们和你讨论符号学，都能学到东西。有时候这些新知是在任何地方都可以运用的规律。我们得把这些点子变为联合利华集团自己的工具。科琳娜是这方面的专家。

科琳娜：我们已经有供内部使用的工具了。我们每次都会对员工说："好的，在做任何耗资巨大的研究前，先查查那些基础工具是否能满足使用。"最后一切又回到了符号学上。我们也说："这对我们的产品很重要，你有没有现成可用的工具？先优化再测试，因为我们肯定，当确保所有的基础工具都正确的时候，测试效果才会更好。"

我喜欢和联合利华集团的员工一起工作，因为他们有条理，并且会在有价值的事情上投入资源，确保有价值的点子不被浪费。每当我与来自联合利华集团的新人合作时，这些在品牌或者营销部门的新人通常会对我之前提到过的一些符号学研究比较熟悉，即便这可能是我们的第一次碰面。除了感到很荣幸，这也有助于我们尽快开展工作，因为他们能告诉我有关食品、个人护理或者家居用品的符号学知识，而且可以通过符号学知识预测未知的事情。

如果你是营销人员，在符号学方面的知识积累越多，你就越能从中获益。我们可以不断积累符号学知识，这些知识不会过期失效。现在你的符号学研究成果，也许 10 年或 20 年以后仍然对你的品牌有价值。

符号学点出了设计与营销的普遍规律

每当我们找到可以广泛适用——适用各种品类或者某类特定

产品的规律时，艾丽斯和科琳娜都会很高兴。我知道你们想看具体的例子，所以在这里我会简要地举几个例子。有些例子会在本书中不同章节出现，且有更详细的描述。以下这些例子只是本书众多实例中的一部分。

图像胜过语言。虽然我很喜欢文字表达，但是随着时间推移，全球的消费者文化越来越倾向于使用视觉工具。人们喜欢看得见的东西和图片展示。在商场、店铺和超市的生鲜区使用没有文字的图像效果特别好。你可以直接展示手中的苹果，而不需要说出"苹果"二字。

使用负空间。负空间是二维图像或实体店中产品或固定设施周围未填充的空间。除非你故意不要负空间，否则负空间会自然而然地出现。我的建议是保留它，且有意使用它。比如你可以从各个方向走到圆形固定设施，这就是有意利用负空间的结果。空间和消费者的活动路线都是设计固定设施时有意为之的。超市货架上只剩一包卫生纸，这周围的空间就是无用的负空间。

描述真情实感。我收集了许多店内标志和图像。在这些图片中，模特一般会将家庭装巧克力棒靠近脸颊，然后朝着镜头做鬼脸，或者在闻干净衣物的芳香。我知道这些图片拍摄起来很方便，而且无伤大雅，但是确实不够真实，会降低消费者在吃糖果或闻干净衣物时的那种快感。现在有越来越多的专业或半专业摄影师和模特拍摄自然主义作品，在这种作品中你能看到真正的笑容。

崇尚自然。虽然表现形式各不相同，但是总体而言，自然元素在品牌塑造和市场营销中是较受欢迎的。你会惊奇地发现每个地方对自然的表现和赞美方式虽然不同，但有时差别也不大。我们可以试着比较几种：我们在凡尔赛宫看到正宗的法式园林、美式风景画和殖民建筑中展现的广袤的大自然；古老的中国水墨画中勾勒精美、作图流畅的树和鸟。

艾丽斯：对于联合利华集团来说，另外一些很有用的符号就是弧线和拱形元素，这些元素在哪儿都适用。弧线比尖角效果要好，我觉得这是营销行业人士都应该知道的关键知识点。每次我们决定要做主视觉图案的时候，都会用上这些元素。

我：确实，人们喜欢弧线元素这个观点在大多数情况下是正确的。比如，如果你给他们一个机会走过拱门，他们会觉得很特别，仿佛踏入了一个魔法世界。

有一点我特别喜欢的是，即便是预算低的小商店也能使用弧线和拱形符号。比如，当我和联合利华集团南非公司合作时，我发现在德班（Durban）有许多小型超市，他们的老板喜欢在靠近商店入口处的地方摆一个气球拱门，用来吸引消费者购买促销商品，这也是儿童派对上喜欢用的那种气球拱门。所以说，只要是拱门就行，你无须花费上百万美元来使自己与众不同。

艾丽斯是在联合利华集团鹿特丹总部接受我的采访的。荷兰鹿特丹是我特别喜欢去的地方，因为这样我就有机会到位于历史悠久的劳伦斯区（Laurenskwartier）的马克塔尔（Markthal）拱廊市场逛逛。与低成本的气球拱门不同，这个耗资巨大的地标性建筑由姆维拉迪威公司（MVRDV）设计，包括地上和地下的商业空间。建筑的外层还有公寓楼。从这个建筑的图片就可以看出它与传统建筑截然不同。其他的建筑都是清一色的房间、墙体和门。而这幢建筑则在中心处有一个拱廊，其形状与海螺壳很相似。但是这个市场最与众不同的地方在于它的墙面是一幅巨型蔬果壁画。壁画从一面墙上开始，掠过消费者头顶，到达拱形天花板，然后从另一面墙倾泻而下。

我提到马克塔尔拱廊市场的例子，并不是暗示各位都要花费上百万欧元去建一个气派的"大教堂"，而是想告诉你，大部分人的预算情况更适合使用气球拱门这种方式，因此你要好好利用它。我收集了成千上万个已经用过的符号实例，并分享给客户和读者，所以我们的目标其实是很明确的。

马克塔尔拱廊市场的例子传递了什么信息？首先，它提醒我们，消费者喜欢某样东西主要看它代表什么，而不是它本身是什么。人们喜欢气球拱门不是因为他们能吹气球并给气球打结，而是因为它象征着祝福，可以在许多地方使用。这也就是为什么你总能在派对和生日卡片上看到气球的原因。

人们喜欢拱门是因为他们在很多神圣的实体建筑中见过这个元素，比如大教堂、清真寺、宫殿，同时拱门在某些仪式中是有象征意义的。在军队婚礼中，军官们一般会用他们的佩剑做成"拱门"，然后新郎新娘从"拱门"中经过。这是一种对新人的祝福方式。这些都是我们看到拱门时会联想到的象征意义。

这信息还挺重要。如果你能把我的话听进去，你就会明白为什么我建议在德班见到的气球拱门应该做一个小改动，即把它放在门口正中央，这样人们就可以在拱门下面走过。其实原来的位置也还不错：进入商店的人们可以清楚地看到它，它还将大家的目光吸引到一个悬挂的大横幅上，让他们了解商店的促销活动。

货品管理、导引和店内设施

科琳娜：零售商不会只纠结于某个问题，或者只关注某一个品牌。但是他们对不同商品的陈列和消费者购物路线很感兴趣。

符号学帮助我们更好地了解消费者的喜好

艾丽斯：是的，当你在荷兰帮我们做零售符号学研究时，你在报告中提到，我们给消费者提供的商品太多。就好像我们在对他们说，祝你能早点找到你需要的商品。有时候我也觉得对不起客人。通过符号学，我们能更好地了解消费者是怎么想的，我们和商店应该如何帮助消费者更方便地购物。轻松购物是最重要的事。如果消费者能轻松地找到所需的商品，那他们也能获得更快乐的购物体验。这对大家都是好事。在零售业，有一种过度理性的趋势。可以理解为，零售商希望从有限的空间中获得尽可能多的价值，并且能够知道所有商品的位置，因此货架通常为长方形，排列在笔直的过道中。这就产生了四四方方的、方便上架的商品包装。各品牌的包装色彩都很鲜艳，要把竞争对手比下去。但是他们在尺寸、形状和包装材料选择上都非常相似。所以重要的一点是，要有标志牌。有确凿的研究证据表明，当消费者找不到他们想要的东西时，会感到沮丧。一个能找到自己想要的商品的消费者才是快乐的购物者。这就催生了吊在货架上方的非常醒目的标志牌，可将消费者直接引到他们想去的"面包区"或"谷物区"，仿佛人们购买这些商品的原因与他人无关。

传递给消费者简洁的信息，这个想法没错，但是像仓库一样的超市可没法施展你的想象力。这有点遗憾，因为当我们到市场时，那里的小商贩通常会使用一些标志，花费不多，却能让消费者购买商品后感到快乐。我也一直希望商家能精心挑选合适的图文来制作标志牌。但是即便你只有一块黑板，只能写上一句话，我们也有许多好点子可以产生。

我去过约翰内斯堡的邻里市场（Neighbourgoods Market），在那里找到了很多可以学习和需要避免的例子。"怀旧巧克力棒"这个名字就比只用"巧克力棒"要好，因为给巧克力赋予了符号意义，和气球一样，意义远比物品本身有价值。名字中有"爱心制作"的蛋糕更畅销，因为哪个人不希望吃蛋糕的时候感受到爱意呢？名字中有"香气浓郁的奶酪"的效果就稍差些。你可以看到，与爱和怀旧相比，"香气浓郁"是事实，没能传递情感，与超市里的其他常见符号一样，只能让人觉得缺少人情味。

符号让购物更方便也更吸引人

艾丽斯：符号能帮我们预测改变产品陈列、货架和设施会产生什么影响。它能解答很多问题。比如，如果我们将某种产品移到店铺的其他地方，这会对产品本身的意义有什么改变吗？消费者能找到产品吗？货架上的产品应该如何摆放？店里很多设施让消费者看不懂。符号能简化这一切，让消费者知道今天销售什么，如何找到它们。然后是促销产品——只有标志明显，且促销的产品是消费者所需的，促销才能成功吸引到消费者。最后就是货架和店内设施是否让人觉得舒服。符号学中有许多小技巧，能让我们通过一些简单的小改变让消费者感到温暖贴心。

这些都是艾丽斯分享的小巧思。你只要在店里做一个小改动就可以让消费者找到要购买的物品，并且让他们心情愉悦。

与其他符号元素一样，灯光效果也是符号的一种。灯光效果在零售中经常被忽略，但是它却能传递很多信息。我曾经在荷兰购买食物时，看到了一个水果桶的活动，就很好地说明了这一点。店里的一角放置了水果桶，见图2-2。正如预测的那样，水果分放在一次性的塑料桶里，让消费者知道这是预制的食物。然

图 2-2　荷兰杂货铺的水果桶（现场工作照　拍摄于 2017 年）

后有趣的事情发生了。

　　黑色闪光的塑料桶配上透明盖子，让消费者能清楚地看到桶里漂亮的水果，而不是用标签或者绑带挡着水果桶。在水果桶上方安装了聚光灯，灯光直射着桶里的水果。这样做的效果异常好。看着桶中的水果，我感觉自己没有见过比那更红的西瓜，也没见过菠萝的颜色那么接近原色。聚光灯使店里有剧院的氛围，这点很容易理解。这里的灯光和包装效果，很好地让消费者看到新鲜水果，捕捉到水果之美。精心选择过的包装和灯光，实现了增强现实的效果。

电子商务

艾丽斯：符号学中有许多有关符号、标志的知识，比如不同色彩代表的不同意义。在联合利华集团里工作，我们知道并证明了使用恰当的符号是多么重要，对于网购来说更是如此。如果你查看消费者在网上和实体店的眼球运动情况，你就会发现人们更喜欢视觉信息。

科琳娜：如果网上购物更方便，消费者会在许多方面获益更多，但他们现在可能在搜索产品或店铺方面有困难。

艾丽斯：是的，而且人们也不清楚包装大小。所以与线下购物相比，我们在线上购物时还要考虑这一点。但是在这背后，是人们化繁为简的愿望，符号就可以让其实现。

食品分销协会网站（IGD.com）的一份报道曾列出 5 个"联合利华集团的战略选择"，其中 2 个战略选择与本书的主题非常契合。第一个是联合利华集团在欧洲以外市场的发展：联合利华集团在美国和印度的实力很强，正在与中国零售巨头建立关系，并且认为巴西、菲律宾、墨西哥等市场对集团未来发展非常重要。第二个则是与电子商务有关：联合利华集团的线上销售额增加了 61%，现在线上销售额占联合利华集团总营业额的 9%。这些内容摘自艾丽斯和科琳娜的谈话。这些内容不是孤立或无足轻重的，而是对联合利华集团现在和将来发展都至关重要的战略。

到现在为止，联合利华集团在使用符号方面已经是游刃有余了。他们时常会问我一些有关电子商务的"小问题"，频率堪比我对特定网购市场、品牌或产品做的深入研究。以下是经常被问到的一些问题：

大问题：

● 世界各地的线上零售商是如何说服消费者购买他们的产品的？

● 卓越电商是如何引导消费者在网店购物的？

● 世界各地的消费者对网购的期待是否不同？他们如何与品牌和零售商的特定文化期望保持一致？

小问题：

● 什么样的语言能让消费者产生正面情绪、改善网购体验？什么样的语言需要避免？

● 一个好的、吸引人的开箱视频和失败的开箱视频之间有何区别？

● 在电商领域，主要的视觉表现方式是运用图片和视频。为何有的品牌、平台还使用实例呢？它有何作用、优点呢？

你应该已经察觉到，符号学是一门很大的学科。它几乎完全是从人类信息传播的角度看待整个世界，这就意味着它有解决这些问题，甚至更多问题的方法。我不想再泄露联合利华集团的秘密了，但还是和大家分享一些在电子商务中可以使用的视觉辅助手段吧。

在采访中，艾丽斯特别提到，网店中商品的包装大小容易让消费者疑惑。在菲律宾的网购平台［比如来赞达网（Lazada）］，商家会用数字清楚标明商品的大小或者容量，并告诉你一个组合包装里会有多少件商品。比如，你可能会点开缩略图，看到 3 瓶洗发水的图片下还有一行字："洗发水 ×3，350mL"。这个办法也不错，但是消费者还是有可能不知道"350mL"到底是多少，能用多久，瓶子是否能装进健身包里。这里的表述没有大家想要的那般清楚。我曾经在自己的浴室里检查过，250mL 的瓶子并没有 500mL 的一半大，不同牌子的 250mL 包装也不尽相同。所以靠自己想象一个 350mL 的洗发水瓶究竟有多大是相当困难的。

当我写到这里时，刚好看到了一张 Instagram 在 2017 年用来推广其新的购物功能时使用的图片。图片里有一个装着面膜的桶、一个装饰盒和几支敷抹刷。把它们并排摆放，能让人更容易判断它们的大小。虽然有时候这并不是特别巧妙的办法，但是其他品牌有时还会在图片中加上一只手，能让消费者更好地比较商品的大小。

在继续之前，我想说说来自心秀（Sunsilk）印度分公司的其他几个产品。图 2-3 是一张静态图，它和 2021 年 4 月心秀在 Instagram 上推广的是同一个产品。心秀是联合利华集团旗下的一个品牌。心秀要推广的洗发水产品名叫黑曜（Black Shine），即让

图 2-3　心秀印度分公司的产品推广图（2021）①
（经联合利华集团同意后使用该图）

---

① 图中英文广告语意为"配合黑曜护发素，使用效果最佳"。——编者注

黑发更闪亮的产品。

我之所以借这个机会来引起读者注意，是因为许多人问我有关社交媒体上的品牌视频问题。随着数字文化的兴起，视频变得非常重要，我们将在后面章节谈论"创作者经济背景下的电子商务"时探究这当中的原因。当然你并不需要在所有时间都播放让人激动万分的视频。

如图 2-3 所示，我们看到一束光围绕着产品。即使这是一张静态图，也能让人以为光环在转动。往往用一个动画的设计元素就可以吸引网上的消费者。这足以吸引那些快速浏览网页的人了，而且不会让人觉得疑惑或者不舒服。

2021 年 4 月 19 日，心秀印度分公司在 Instagram 发布了一个非常短的视频动画——只有 5 秒钟。因为这个广告短片时间太短了，与它相比，其他的传统广告片俨然变成了故事长片。由于时间太短，所以根本没办法安排角色、对话或者情节。实际上这是故意设计的。与其让所有的物品都转动，还不如只选择让部分物品转动来吸引消费者的注意。洗发水瓶四处蹦蹦跳跳，然后这款洗发水最关键的成分——醋栗，在即将要爆裂时突然与洗发水瓶合二为一了。

人们不需要由于商家有能力制作长视频就要受情节密集的视频轰炸。运用部分元素拍摄而成的动画也可以很好地在 5 秒内表达意思、传递信息，而不需要花费 15 秒或 30 秒的时间。

符号的魔力

符号最棒的地方之一在于它能讲述我们的经历

科琳娜：符号可以用于任何地方或品牌的任一方面。它的应用非常广。但是最有趣的地方就在于它能讲述我们的经历。你知道，有时候当你看到一种字体或者包装时，它能莫名其妙地引起你的共鸣，因为它让你想起你的文化，这很了不起。

艾丽斯：是的，那是符号最有魅力的一面，因为你随时可能有那样的经历。当你走进一间屋子，看到品牌标志，你马上知道自己是否喜欢它，但可能无法说出理由。符号学却能告诉你原因，我想这就是符号学的奥妙吧。

当人们遇到新事物时，通常都会问自己一个问题："我曾经在哪里见过这个场景？"如果你曾经看过市场调研，你会发现，当受访者看到一个新产品或新品牌时，他们会把新产品与他们熟知的物品进行比较。人们会借鉴以往的经验。这些经验包括了他们生活的全部，比如他们看过的每一个广告、每一档电视节目、每一个品牌，做的每一个方面的决定，看过的每一个社交媒体上的"梗"，甚至他们最早期的记忆。

本杰瑞牌冰激凌（Ben & Jerry's），图 2-4 是它的两位创始人，它是联合利华集团最受欢迎的品牌之一，大概是因为它包装上的

符号助销
提升营销魅力的设计思维

字体吧——如果你仔细看，实际上应该是两种字体，由获奖设计师林恩·塞弗伦斯（Lyn Severance）亲手绘制，见图2-5。

图 2-4　本（Ben）和杰瑞（Jerry）（经联合利华集团同意后使用）

图 2-5　本杰瑞冰激凌包装上用了塞弗伦斯（Severance）和
恰克（Chunk）字体（经联合利华集团同意后使用）

关于品牌使用定制字体的好处，有很多内容可以分享。一旦消费者能辨别这种字体，它将成为一个"品牌必杀技"。但是如果消费者以前没有见过这种字体，那他们该怎么判断它的含义呢？

在这种情况下，消费者会从字体的设计特点及整体外观来找到它的含义。首先，如果你仔细看本杰瑞冰激凌的包装，你会发现商品名和口味的字体都短而粗。除了给人这个整体印象之外，短粗字体用在冰激凌品牌中，给人一种纯真甚至有点天真的感觉——儿童书籍就喜欢用粗而圆的字体。但是这可不是儿童冰激凌：字母下都有衬线。有的字母，比如"g"和符号"&"用的是花体字。这说明冰激凌的目标消费者群体是童心未泯的成年人。

故事到这里还没结束。虽然这些圆润、有衬线和花体的字体具有原创性，也是关键的品牌标志，但是也很像一种消费者熟知的字体，一种炫酷复古的字体：库珀黑字体（Cooper Black）。图2-6展示了库珀黑字体，它与文化有关。库珀黑字体看起来给人一种轻松的感觉，所以很适合"流行文化""饼干""迷幻"等主题，但是减弱了"税务局""手术""监狱"等主题的严肃性。我们来了解其中的原因。

Pop art	**Tax office**
Cookies	**Surgery**
Psychedelia	**Prison**

图 2–6　库珀黑字体 ①

　　库珀黑字体设计于 1922 年，但是许多消费者是在 20 世纪 60 年代至 70 年代的青年文化思潮中才认识这个字体的。这时期的西方社会正面临着青年一代的革命，人们开始赞赏不羁的爱，同时产生了对过去几十年间社会和道德束缚的反抗思想。库珀黑字体出现在当时的先锋音乐家的专辑封面上，比如大卫·鲍伊（David Bowie）、沙滩男孩（The Beach Boys），还有在英国泰特美术馆（Tate Museum）于 1971 年推广安迪·沃霍尔（Andy Warhol）展览时的海报等视觉艺术作品中也能看到这种字体。

　　库珀黑字体成为反叛的青年人、流行艺术的象征。年轻人和时尚品牌喜欢使用这种字体，尤其是在 20 世纪 60 年代和 20 世纪 70 年代。实际上，大部分处于退休年龄的消费者几乎没有深入参与那个时代的活动，他们只有那个时代的回忆。他们可能从来没有见过鲍伊或沙滩男孩的专辑封面，但是从那些亲历的设计师、创意人员那里可以得知，这种字体代表一种炫酷、时尚

---

① 图 2–6 中英文从上至下，从左至右依次为"流行艺术""饼干""迷幻""税局""手术""监狱"。——译者注

的潮流方式。一个很好的例子就是法国"潮牌"情侣服饰酷布丝（The Kooples），它经常使用库珀黑字体，来吸引消费者了解其标志性的情侣服饰，有一些服饰照片还会用黑白色调增加复古感。你可以在网上看到很多类似的例子。

我之所以提到库珀黑字体、大卫·鲍伊、安迪·沃霍尔和情侣服饰，并不是因为库珀黑字体与本杰瑞冰激凌的定制字体一模一样，而是因为全世界都在使用库珀黑字体，它比大部分的字体都更为人所知，和本杰瑞冰激凌字体很相似，能让消费者回答"我曾经在哪里见过这个场景？"这个问题。

知道"我曾经在哪里见过这个场景？"的答案，能让消费者弄清楚这个品牌到底是什么——它有趣、顽皮、充满复古气息。如果你看看本杰瑞冰激凌的图片，你会发现这些图片符合这些规律，这个品牌的其他设计元素亦是如此。

总而言之，如果你看到一个新品牌使用的是新的、定制的字体或者品牌标志，而且是你从未见过的，不管你喜不喜欢它，总能赋予它一定含义，因为你会问自己"我曾经在哪里见过这个场景？"这个问题。这个问题是符号学分析的关键，也是我们助力品牌的切入点。

在特定文化和区域中的营销策略

我：联合利华集团发现，了解色彩、形状、文字等符号元素在不同地区的不同意义非常重要。在中国的设计和在印度的不一样，在荷兰的方案与在美国的又不同。当我们为包装或设施选择合适的符号时，希望走捷径，方便消费者找到所需产品。此外，也希望能选择适合某种文化以及适合在世界其他地方做品牌营销的视觉信息。

一天上午，我在了解意大利时尚概况的时候，注意到一些差异。一方面，意大利时尚是经典的、暗色调的：黑裙子、男士的黑西装配领带。另一方面，意大利也有范思哲（Versace）这样喜欢使用鲜艳颜色和夸张图案的品牌。仔细看这些图案，让我想到了梵蒂冈宫殿墙上和屋顶上闪亮的瓷砖。意大利设计很喜欢使用这些经典图案，这包括在快消品（快速消费品的简称）的包装上。所以对我来说，这是一趟发现之旅，我意识到了针对不同地区、不同文化应该使用的不同符号，觉得很有收获。

贝多力（Bertolli）创立于 150 多年前的意大利。最初它只是一个橄榄油的牌子，后来产品中逐渐增加了许多各种各样的意大利食品。自 2010 年开始，它成为联合利华集团旗下的品牌。它现在的包装是英国公司"陌生人与陌生人"（Stranger & Stranger）在 2018 年设计的，而不是由 18 世纪的意大利僧侣设计的。我之所以指出这点，是因为一个有特定区域历史的品牌如果需要在国内外都获得认可，这样的操作很常见。如果你的设计太具"某国风"，你的产品就存在风险，有可能在国内畅销的产品会不符合国际消费者的喜好。其中的窍门就在于，选择恰到好处的符号标志，不会让消费者觉得难以接受。如果你仔细瞧瞧贝多力的标志，就会发现各种小细节会让你觉得它既有意大利风情，又符合现代的设计习惯，这就是我之前说的"负空间"——留白。比如，你随处可以看到精美的卷轴装饰和花饰，这些都是经典的意大利图案。

即使在非常熟悉的文化中，符号也能带来新见解

我：当我和你一起在荷兰做消费研究时，我想起我曾经多次提到过一种特殊的黄色。这种黄色当时非常流行，在哪里都能见到，跟中性色形成鲜明对比，马上让我联想到荷兰风格派运动。[1]

艾丽斯：是的，我觉得非常有趣，因为我就生活在这里，这是我们的文化。当然联合利华集团对荷兰文化非常了解。即便如此，符号学还是能让你更好地观察和思考。我当时就觉得，"天啊，黄色在荷兰是非常重要的颜色，真的是这样！"我们注意到之后就可以使用它。符号学知识能让隐晦的一切变得清晰。

我想和你们分享我在成千上万张照片中最爱的一张。图2-7是荷兰一间小镇公寓的厨房一角。当时屋主正给我们冲咖啡。我其实是想拍他冲咖啡的照片。当我返回伦敦，开始整理一路上拍摄的照片时，我发现在我拍照的时候这位先生并不是整个人都在

---

[1] 主张抽象和纯朴，外形上缩减到几何形状。其代表人物荷兰画家蒙德里安的一些知名作品中就应用了醒目的黄色。——编者注

黄砖

图2-7　灰墙上的一块荷兰黄色的砖（现场工作照　2017年拍摄于荷兰）

照片中，我偶然拍到了他身后的这面墙。这面墙贴满了瓷砖。每
一块瓷砖大小一致，都是正方形的灰色瓷砖。在照片中央，而不
是墙体中央的地方，有一块黄色的瓷砖。我认为这颜色就是荷
兰黄。

我之所以说这些，是因为我想分享一些重要的观点。在其他的文化中，墙壁可能会是不一样的设计。只用一块黄色瓷砖和用几块黄色瓷砖的道理是一样的。我们也可以做成棋盘的图案，或者拼成花朵，甚至也可以加上其他的设计元素。在我看来，荷兰是为数不多的，只靠一片黄色瓷砖就能辨认出其特色的国家之一。不仅因为这里的人喜欢小面积使用亮色，而且让你感觉需要160块灰色瓷砖才能衬托出这一块黄色瓷砖之美。

这些观点从某种意义上来说特别有用：它为设计师提供了灵感，让产品既能满足国内消费者喜好，又能吸引想买正宗荷兰货的国外消费者。如果符号能做到这点，那就足够了。但是这里还有更深层次的、人类学层面的东西。在荷兰文化中，一般情况下人们都会遵守秩序，当然也允许偶尔犯规。在文化层面上的克制就意味着我们要在限定的范围内获得愉悦。每天都能吃到的蛋糕不香甜。蔬菜土豆泥锅（Stamppot）是荷兰的一道传统菜肴，虽然里面只有两三种蔬菜，但是味道很好，无须添加其他材料。这样的认知能给我们收获包装设计以外的知识，加深对消费者的认识，那就是了解他们到底想要什么样的产品，打算如何享受购物带来的快乐。

在我们结束本章之前，再看最后一个品牌案例。洗倍洁（Seepje）是一家有意思的荷兰企业，专门利用果壳生产香皂和洗涤剂。如果你看过它的网站，你可以看到它的产品包装，这个包装我在当地的一家商店里也见到过。这个产品叫作"洗倍洁巨

壳"(Seepje supershells),瓶子上套着褐色腰封,上面写着广告语
"让大自然洗净所有脏衣物"。它之所以引起我的注意,是因为我
能看出设计师是如何应用符号来迎合荷兰地方喜好的,即它是如
何吸引当地消费者的。这些符号成为一个体系,我们在符号学里
称其为代码体系。营销人员就是用这些代码体系来告诉消费者该
产品环保又自然。让我们来看看其中的一些亮点。

腰封设计很好地利用了负空间。公寓厨房的瓷砖设计也充分
利用了负空间,并让大家知道这是在荷兰受欢迎的设计。洗倍洁
产品的外包装,有大片没有装饰的空间,这种设计让人看着舒
服,符合现在消费者的预期(就像低调、没有过度装饰的贝多力
品牌包装)。"空"间其实并不空,而是能让外包装的褐色腰封显
得自然、素净。在中间有一个类似洞的圆圈。简单的线条和恰到
好处的细节让人感觉这像是一台洗衣机。通过这个洞我们能看到
里面的香皂。这个负空间的运用既有深度又富有想象力,深受荷
兰本地消费者的喜爱。

总而言之,这个设计体现了"少即是多"的原则。包装没有
过多的信息,只是恰到好处。"自然、脏衣物",没有过多的文字。
没有炫目的色彩,只使用了3种颜色,而且是相当柔和的颜色,
有点像放了3种常见蔬菜的蔬菜土豆泥锅。这就是典型的荷兰风
格。当然其中也体现了环保、减少浪费的品牌理念。

代码体系在符号学中是一个很重要的概念,能让营销人员在
遇到具有2种以上含义的某个符号时辨认出其准确意思,比如词

语、颜色、空间利用等。举个例子：蓝色可代表健康和天马行空的想象，红色可代表好运、掌控和紧急。我们将在接下来的章节中详细讲解符号应用的多样化。

本章是本书的基础知识部分。在下一部分，我会深入地分析零售营销符号学在今天的应用以及其激动人心的未来。快来看看，我有很多内容要与你分享。

PART 2

第二部分
符号学与营销中的"现在"

第三章
消费者的欲望

欢迎来到第三章。从第三章开始的第二部分都围绕消费者展开：他们的欲望、理念、需求和身份。人们想要的东西和获得的途径就是本章的主题。欲望存在于消费者的心中、想象中、情感中和文化带来的认知中，它会告诉你快乐的源泉在哪里。这种快乐不来源于你的品牌、店铺或营销策略。但是从零售营销的角度出发，你能让这种快乐和欲望发芽。

第四章与理念有关：品牌和店铺老板很想用某种理念去吸引消费者，比如"优质""物超所值""有机"。我会跟你分享一些特定技巧，但是一家企业的产品不可能完全传递所有的理念，并且各种理念都在实践中不断发展。第五章关于消费者需求与行为。第六章与消费者身份有关。

在消费的 4 个最重要的方面之中，最基础的是欲望，所以我们从这里开始。

本章内容能帮助你

了解想拥有某样东西意味着什么；这种欲望从何而来；内心的欲望是如何被点燃的，应该如何满足；当你读完本章后，你还可以：

- 了解欲望的 3 个强大诱因，激起消费者的求知欲。
- 辨别不同类型的快乐和欲望，知道如何应对。
- 了解快乐和失望是如何同时出现的，如何让它们此消彼长。
- 了解消费者在逛街时是如何在不知不觉中消费的，掌握唤醒他们消费欲望的技巧。

如何激起消费者的欲望：给零售营销人员的三大建议

我们赋予欲望这个词很多含义，我们将在后面慢慢解读它。现在，如果你想快速掌握激起消费者欲望的方法，你只需知道欲望是很容易被激起的，不管消费者的欲望是买一件精美的奢侈品，还是要立刻去大卖场买芳香洗涤剂。以下是你可以运用的三大原则。

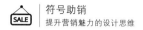
怀旧

不管是网店还是实体店，不管是哪类产品或者集团旗下的哪个品牌，怀旧能触发消费者的情感，让他们感觉回到年轻时代甚至更早的时候——一些在他们出生之前的"黄金时代"。人们喜欢回到过去，而且会触景生情。这里就有一个实例，让你学习如何在零售营销领域触发怀旧情绪。

在店铺里放一个巨型物品会让成年人感觉回到童年

当高端百货商店塞尔福里奇（Selfridges）在英国工业城市伯明翰的斗牛场（Bull Ring）购物中心开设旗舰店时，当地居民欣喜万分。在这个改造不久的购物中心中，塞尔福里奇百货商店占了大部分地方——一共有3层楼，地下一层还有一间很棒的糖果店。为了表示对这个城市的感谢，塞尔福里奇百货商店用豆豆糖制作了一个大型公牛玩偶，放在基座上。这只公牛玩偶已经成为镇店之宝。

公牛是这个城市的象征和人人都爱的吉祥物。这只公牛玩偶完全复制了斗牛场街面上的铜牛像，与真牛一般大小（可能还比铜牛像大一些）。人们很喜欢抚摸、攀爬公牛玩偶并与它拍照。如果从它旁边的下行电梯往下看的话，这个豆豆糖做成的公牛玩偶真是令人叹为观止。实际上，从地面上抬头看它，也是一样的震撼。在伯明翰，几乎所有孩子的童年都是在市博物馆度过的。那里有一个与实物大小相近的霸王龙模型。一代又一代的儿童都喜欢盯着这个"怪兽"看，感受它带来的"甜蜜恐惧"。

通过这种方式，这只豆豆糖制作的公牛玩偶多次牵动了人们的回忆和心弦。它把人们带回童年，让他们重新获得孩子在糖果店里的那种欣喜，然后也通过这种方式让塞尔福里奇百货商店和这个自 12 世纪以来一直存续的斗牛场购物中心产生了紧密的联系。

预测

对物质的追求其实是对未来的一种预测。我并不是说逛杂货店时想起家里的面包快要过期的那种预测。实际上，消费者的欲望主要是源于他们的希望和念想，认为明天一定会到来，快乐一定能获得。比如，许多人会花钱为兴趣爱好购置物品，但实际上他们根本没有时间去发展兴趣爱好。这其实是一种怀抱希望的表现，他们通过这种方式来拒绝放弃自我价值，即使现实生活可能会逼迫他们放弃。

当人们设想成为更好的自己或者拥有更好的生活时，他们就有买东西的欲望。某人可能会想买运动器械，但是脑子里想到的不仅是完美的腹肌，还包括健康的日常作息、克制的饮食和早起等。他们也可能会幻想自己解决了难题，比如："在多年自学未果之后，如果我能有这组语言学习工具，我肯定能学会葡萄牙语。"他们也许会买严重损坏的车辆和家具，然后幻想它们修复后的成品和复原过程。不管是计划好的还是想象中的创意活动，人们都

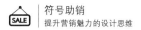
会把对未来的美好愿景融入其中，而且通常围绕这两方面展开：

- 人们已见过特别成功的例子，他们认为自己可以模仿。
- 当人们看到制作精巧的物件时，也看到了制作过程，这是他们想去体验的。比如做糕点等，或者体验设计过程，例如搭乐高积木。

你可以鼓励店里的消费者展开想象，这是比较简单、易操作的。比如向他们展示精美但较容易完成的物品，让他们更接近理想生活方式的各种工具，还有尝试创意活动等新奇的事。Instagram 上的烹饪视频就做得很好——视频虽然很短，但是成品很诱人，过程新奇且令人愉悦。

收藏

收藏是一种有趣的行为。从心理学角度来说，收藏与控制、维持秩序、搜集和完成有关。有的消费者形成习惯后，一生都会持续收藏某种东西。某些东西可能会让他们有强烈的收藏欲望，但是欲望持续时间较短。万物皆可收藏。在英国，祖芙拉（Zoflora）香水消毒液曾经很火爆，消费者疯狂收藏所有香型的消毒液。实际上，这是不可能完成的任务，因为祖芙拉会定期把香型进行混合，推出限量版和应季版，零售商则会不定期地补充他们的库存。

收藏也可以与未来有关，比如有人收藏了一大堆的书籍或电子游戏以备将来使用。但是大部分人搜索和收集物品，并对物品进行分类的行为还是与之前的念想有关。他们会把这些东西聚集起来收入囊中。19世纪的欧洲人就十分痴迷收藏物品并将物品信息整理成册。他们的目的不仅是建立一个物品的体系，更是建立一种知识体系。所以做一个收藏家还能有机会成为某个领域的专家。

收藏的冲动也可以是购物的冲动。我们零售营销人员可以通过以下几种方法来激起消费者的购物冲动：

● 针对一个品类的产品，提供不同的选择，并且让产品持续变化。

● 某种产品或款式销量开始下滑时便停止生产，以防消费者对该产品完全失去兴趣。降价出清剩余库存的时机如果正确，还能激发消费者的"最后一分钟"需求，甚至让消费者开始搜集已经停产的产品。彩妆品牌贝玲妃（Benefit）就很会运用这个策略，在其网站开辟了"近期停产产品"专区。

● 从店铺的角度来说，要尽可能地利用各种节庆活动，包括当地的节日、外国的节日，甚至可以自己策划一个购物节。

● 在实体店或者网店上给老顾客一些可收集的东西，比如会员卡积分、优惠券，且收集得越多，获得的优惠相应也越多。

美感、社交媒体和一些群体的夙愿

美丽

也许你已经注意到，这些年来，周围的人和事物都越发精致、上镜、有情趣。早在 20 世纪 90 年代初，社会学家麦克·费瑟斯通（Mike Featherstone）就开始预测，并追溯历史先例了。比如，我们在看 1991 年的消费者文化时，就是在当时所谓的"今天"时，费瑟斯通就已经看到超现实主义运动中（大约在 20 世纪 20 年代）提出的"日常生活美学化"的影子了。当时这些艺术家对日常生活中稀松平常的物品充满兴趣，认为钟表、帽子、烟斗等日常物品很值得用艺术形式研究、表达和展出，它们充满了趣味和内涵。100 多年后的今天，21 世纪 20 年代，Instagram 上充满了自拍照、晚餐美图、物品和日常生活细节图等。大家之所以这样做不仅是因为它能赚钱，更是因为发这些图片本身充满乐趣——只要你可以一直发现美好。

"审美"这个词语经常出现在日常对话当中。曾经，这个词语仅局限于艺术、时尚和学术界。现在这个词在普通人的生活中也很有意义。抛开文艺理论的定义，这个词大概是"看起来和谐，呈现出令人愉悦的外观"的意思。人们也承认"审美"传递出来的信息很重要。它让我们的日常生活更有趣、充满活力、更有观赏性。以下几个方面体现了 21 世纪 20 年代日常生活的美学化趋势：

社交媒体软件。人们不会只根据软件本身的功能来判断用户原创内容的好坏。内容创作者和消费者认为它们是一体的，这就要求用户原创内容（通常是照片）之间要协调统一。也就是说，个人在制作社交媒体作品时要保持连贯性，也需要像艺术家一样来进行创作。只有所有元素都结合起来才能做出好的用户原创内容。

室内装饰。人们都会装饰自己的家。但审美更像是一种指导原则，让你更注重装饰的整体效果或者营造的氛围。这就是为什么有的家庭室内装饰越来越像商店的风格。家里最终"变成了"购买商品的商店，"变成了"一个展示厅。所以除了专业的家居设计，商店和酒店也成为人们家庭室内装修的灵感和指引。

根据高级消费者文化理论，牙齿、头发、皮肤都应该美得极致出众。不可否认，医美在全世界很火爆，因为其利润高、发展空间大。不管是男性还是女性，人们希望身体的每一部分，都应该长成理想的样子。这种美的标准在现实生活中有人能达到，有人则不行。

户外空间。我了解到抖音（TikTok）的 Z 世代[1]用户买了很多鲜花种子撒到荒地上。这是美学化的积极影响。文化评论家通常认为这是坏事。这代表 Z 世代的人认为环境不应该是丑陋的、荒芜的或被忽视的。我们应该种花，周围的环境应该要美丽，我

---

[1] 通常指 1995 年至 2009 年出生的一代人。——编者注

们应该对环境有更多期待。全世界的大众文化和消费者文化在这一点上的认同是一致的。

拮据

对消费者来说最突出的困难是，并非每个人都可以负担得起审美提高后所需的花费。现在数百万人有社交账号并用以日常生活为素材制作视频（也许能赚钱）。如果你是其中之一，你就可以知道这个行为不管从金钱上还是时间上都是高成本的。尤其是如果刚开始时你就资金不足，你会有更深的体会。如果你住在公租房里，就像我年轻时那样，那么想让自己的家变美需要花很大力气去修补、改造，甚至得搬家，也许你根本没法办到。

除了这些问题，在消费者文化方面，越来越多的人认为每个人都需要美丽的外表，比如要有美甲和亮白的牙齿，这最终会成为一个社会规范。规范一词是社会科学领域的专有名词，意思是如果你不遵循规范，就要付出社会代价，比如遭到他人的反对。因此，如某人的牙齿与新社会规范不符，就会遭到他人歧视，即便竖起完美与不完美之间高墙的是历史、文化和金钱，而非个人道德问题。

因无法负担某物而带来的痛楚会持续很久，而且它还会引起一系列的问题，减少人们成功的机会，让人感到羞辱，遭到社会排斥。某些消费者，特别是成年人，通常会远离那些他们负担不起的物品。但是随着时间推移，远离美好的事物会让你留下伤痕，尤其这些美好的事物随着时间流逝变得越来越重要。

当人们拮据时，消费者文化让他们感到自己不特别、不重要，甚至会觉得自己没有存在感。当大部分人的孩子都在用帮宝适（Pampers）时，你的孩子却没有用。如果你穿上最好的、最得体的衣服逛街，商店里的店员就会对你友好。如果你穿着破旧的衣服，那么你会觉得自己在店里被忽视甚至被监视。

练习

我知道，不管你是否曾经拮据过，这些都是比较有争议的话题。这里有一些可以在店铺里采取的措施，还有一些促销和包装技巧，可以让每个消费者的购物体验更美好，让他们更满意。

● 假设你拥有一个大品牌。你注意到低收入居民喜欢到小店里去采购日用品，而这些小店也正面临着困境，在艰难度日。他们破旧的店面需要维修，但是他们用于更换照明设施的钱不多。大品牌可以在这方面做很多事情。一些小店很希望做一些外墙装饰，修补美化破旧的墙面。一些小店采光不好，可以通过贴有品牌标志的灯箱或展示柜来改善采光。如果店铺外的公共区域是人们见面和交流的地方，那么在那里设置贴有品牌标志的座椅也可以很好地为他们服务。

● 当大机构告诉低收入及不稳定收入群体，"我们是同一个团队"时，大部分人都会怀疑。但是低收入群体中的人在必要时是非常有团队精神的。我曾经见到过一些女士，她们有策略地参加"买一赠一"的促销活动。在一个店里你会发现有很多这样的人。你可以看到他们通常会买两件同样的商品，然后分别放入不同的袋子里，把其中的一份带给亲戚或邻居。人们很喜欢团购，所以我们要设置一些促销机制来迎合消费者的团队精神和省钱等方面的足智多谋。

● 包装。在产品设计方面，收入有限的群体并不希望他们购买的产品包装比富人群体的差。他们希望产品价格合理、功能性强且包装精美。对于产品设计师来说，这既是合理的期待，也是一种挑战。从包装角度来说，这是相当直接的诉求，如果你能满足消费者的合理诉求，他们会非常感谢你。产品便宜并不意味着包装难看。如果能让钱不多的消费者把包装精美的快消品和生活必需品带回家，他们的心里一定是美滋滋的。

即时与真实的快乐和满足

某类消费群体，通常是中低收入消费者群体以及那些受制约的消费者，会非常喜欢即时和感官上的快乐。既然即时性对于这种状态（包括习惯、生活方式、品位、消费选择等——这是布尔迪厄的原话，在这里用来简单解释"即时性"这个词语）的消费者如此重要，那么我们事不宜迟，来看看零售商可以做些什么来让这类消费者兴奋起来，然后我们来看看其中的原理。

这里有一些能吸引这类消费者的技巧，可以运用于许多产品品类，比如零食、洗涤用品、个人护理用品、酒类、生鲜和电子产品。想推广自己门店的零售商也可以应用。

（1）选择多样化。购物精灵（Shopkins）品牌在这方面做得很好：包括食品模型在内的儿童玩具，每一种都有一个小的吉祥物。它按期推出新品：例如它在第 12 期推出了 60 款玩偶，一共有成百上千种造型。可以说这个品牌推出了数不尽的玩具种类，它们很可爱、易于收藏且价格便宜。其他做得很成功的品牌还有：美浴美体工坊（Bath & Body Works）和星巴克，每一期他们都会增加一些新产品。

（2）金属和发光小物品。在喜欢即时和真实快乐的人看来，他们无须低调，应该能随时随地展示自己的魅力。金属和发光小物品可以加到马克杯、笔、指甲油、鞋子、纸杯蛋糕甚至普罗塞克（Prosecco）起泡酒中做装饰，也可以在店里的展示品上增加一些发光小物品来引起消费者注意。

（3）有时颜色不需要很鲜艳。这个消费群体的部分消费者喜欢中性色，比如白色和银色，因为这样可以更好地展示他们闪亮的饰品。他们也喜欢浅色，尤其是粉色。（即便如此，这个群体最喜欢的颜色还是浓郁、鲜艳、饱和度高的颜色。这里给营销人员一个提示，可以从街头艺术中获取色彩的灵感。）后文会更详细讲述街头艺术。

（4）动画。我之前提到过与网店相关的动画，但动画也适用于传统实体店。物品只要能独立放置，就有机会旋转、倾斜和摆动。我曾经花时间在商场里观察，发现人们会停下来看那些移动的装置。这让他们感觉很特别，因为这让他们感觉有人试图取悦他们，而且这也会减弱商店的仓库感。

（5）赠品和小样。许多独立的线上零售商精通此法。在易集（Etsy）网络购物平台，有些售卖个人用品和家居用品的商家，他们会定期在给消费者的包裹中放入糖果、贴纸、回形针等赠品和小样。这正是它与其他大型零售商不同的地方。

（6）用少量的钱买到很多物品。如果你从来没看过近期购物分享视频，那么可以上网去看看，那里有许多这样的视频。普通购物分享与专业营销视频不同，专业营销更专业，其中许多分享的是高端品牌。而在普通购物分享视频中，人们会去折扣店，然后在相机面前拆开购买的物品。

（7）拆包装让人有满足感。让人满意的包装不意味着这是件昂贵的物品。人们喜欢剥开贝勒奶酪（Babybel）表层的蜡。撕开一罐品客薯片的铝箔纸也是一件很有趣的事（可能撕开铝箔纸后立刻香气扑鼻）。拆开包装外的丝带或线，然后将其系成蝴蝶结也是一种很特别的体验。

（8）香气。香味对这个消费群很重要，这是有许多原因的。比如：

①低收入群体需要自己打扫卫生、做家务，所以需要在这过程中有一些能取悦自己的东西。

②与花费很长时间等待美食或者费劲减肥以穿进某件衣服相比，香气能立刻刺激消费者的嗅觉，让消费者马上得到快感。

③香气，尤其是与季节、节日有关的香气能让人感到舒服。

（9）节庆。说到节庆，它可以给零售商带来许多商机。店里时常有庆祝活动，比如妇女节、儿童节以及地方性节日。此外，在欧美国家，这个消费者群体还特别喜欢新娘送礼会和新生儿性别揭秘派对这样的活动。

（10）可爱的物品。每个地区对于可爱的视觉表达是不一样的。中国、日本和韩国的可爱比西方的可爱更优雅，设计更简洁，所以西方消费者喜欢买从中日韩进口的美妆产品。在墨西哥，卡通人物和品牌吉祥物才能算可爱，给商店和消费者的家里增添装饰感、温馨感和个性。

是什么让这一切的效果如此好？为何即时和真实的快乐如此重要？大家请回忆，我在第一章曾提到布尔迪厄关于社会阶层和物质生活影响习惯和品位的分析。当人们日常需要体力和精神上的付出，那他们希望尽快得到某种即时快乐作为奖赏也就不足为奇了。虽然这个理论是布尔迪厄在 20 世纪 70 年代提出的，但是它经受住了时间的考验，至今仍适用。

实际上，在社会学、人类学、文化研究领域有大量这样有用的理论。但是我希望本书可以简单一些，因为我在写作时会很容易不自觉地陷进各种有趣的理论里。所以在这里，我只选其中一个有重要意义的理论来讨论。

即时快乐

柯林·坎贝尔（Colin Campbell）曾在 1987 年出版了一本名为《浪漫伦理与现代消费主义精神》(*The Romantic Ethic and the Spirit of Modern Consumerism*) 的书。他在书中写道，历史上把快乐分为两类。在 18 世纪上半叶之前（至少在坎贝尔做研究的那个地区），快乐与满足有直接关系。像饮食这样的快乐是独立的，与特定活动和场合有关。它们并不复杂，且能给你即时快乐。关注英国本地网红欣奇太太（Mrs. Hinch）的家庭主妇就好比 18 世纪早期的享乐主义者一样，她们疯狂地搜索某一品牌中的全系列清洁产品，用来清洗她们的马桶和洗脸盆，然后看着清洁剂喷出丰富美丽的泡沫。这也是坎贝尔说的第一类快乐。

然后，在 18 世纪中期，一种体验快感的新方式出现了。这种方式与资本主义有关。这是一种非常有趣的趋势变化，塑造了后来的富裕阶层的品位，也是本书下一部分讨论的主题。

浪漫的愿望、幻想和渴求

18 世纪中期兴起了一种新的快乐形式，受到富裕阶层消费者的认可，并延续至今。与上文提到的即时享乐相比，这种快乐形式高雅的品位克制且久远。为什么有钱又有机会的人对看上去似乎没有那么有意思的事物感兴趣呢？是什么吸引了他们？

答案是欲望。但是与18世纪前兴起的享乐主义不同，这是一种能让人可以随意购买高端产品的欲望。欲望是未实现的愿望，是对永远得不到的东西的渴求，是一种停留在脑海里的幻想。就好像诗人笔下和言情小说中的男女主角，爱得痴缠却爱而不得。

欲望的出现有各种各样的历史原因。对我们而言，只要知道是世界经济等的变化催生的就足够了。在此过程中，对穷人表达怜悯之情还成为一种美德。虽然这已经是非常久远的历史，但是你能从今天的文化中找到与过去的相似之处，那就是我们认为感觉与情感的表达是很重要的。

我们知道，富裕阶层与其他社会阶层群体的需求是不一样的，那权贵群体的品位是怎样的？情感和欲望的渴求是他们最看中的之一，也是我们零售和营销的切入点。想要了解浪漫的愿望，这里有几个关键点：

幻想是欲望的关键。人们想要得到他们得不到的东西。这就是购物分享视频与专业营销视频的不同。购物分享视频通常给予我们的是可得到的、即时的快乐。比如一名妇女兴冲冲地到特价零售卖场购物，从卖场出来时仅花费15英镑就买到了15件外观漂亮的清洁产品，而且花的只是自己的钱。这种就属于即时且可获得的快乐。专业营销视频则是另外一种思路。视频里通常是无法获得的、幻想中的快乐。比如一位年轻女性拆礼物的视频。这些礼物堆成了一座小山，全都是各品牌商为了让其推广而争相寄来的样品。"好想变成她！"人们看完这个视频后，脑海中这个想法的出现并不是源于嫉妒，而是幻想好事也会发生在自己身上。这是一种愉悦的幻想。

幻想也可以与旅行和财富有关。在文具和手工艺品界有一个流行的故事：一个年轻的美国女人邀请粉丝与她一起去旅行探店。他们会去"日本最大的文具店"，在那里买到可爱的订书机和便利贴，那种狂热程度堪比 19 世纪的植物学家利用千载难逢的机会到亚马孙雨林探险。搭乘飞机去日本只是为了买文具，这种行为即便对于有钱人来说也是不常见的，这就是幻想的魅力所在。

小小的遗憾会让幻想更有味道。人们之所以怀旧，其中一个原因就是当我们想起永远找不回的东西时，我们的记忆就会弥足珍贵，比如分开的情侣、失去的童真、即将消失的传统习俗等。怀旧和失落感会刺激你不断购买。这就是为什么即便有更高级、更现代化的玩具，某些地区的父母仍旧会给他们的孩子买传统的木头玩具，比如陀螺、木马、木玩具火车。

产品本身也许是虚拟的。在后文，我会提到一个名叫华尔街押注（Wall Street Bets）的网络讨论小组。在我写本书的时候，这个网络讨论小组在股市掀起了轩然大波。这个松散的投资组织，投资所谓的"模因股票"[①]（meme stocks），从某个角度来看（不一定是我个人的看法），这样做没有实际意义。这个小组的"投资建议"使得某些企业的股票价格大幅上涨，而且无法通过任何理性计算预测和控制。投资者获得了什么？我们并不确定他们是否获得了物质回报。也许只是为了获得良好的感觉，如自豪感、集体感，或者为了实现改变世界的梦想。

如何激起欲望

我们可以用消费者的欲望来推广产品，特别是高端品牌和与生活方式有关的产品和服务。

（1）限量产品。索尼互动娱乐有限公司在2020年11月推出了最新的游戏机PS5及其配套手柄。产品一经推出，即刻销罄，而且断货数月。供不应求的产品及非必需品才可以用这个营销策略，因为人们可不想排长队买卫生纸这类的必需品。

（2）建立预期。在推出产品前先进行宣传。美妆品牌倩碧（Clinique）的"倩碧优惠活动"多年来一直开展得很好。这个"满购赠"活动和各代理商都配合得很好，各代理商在全年各个不同时段均有各自的相关优惠活动。

（3）稀奇的色彩。欲望强烈的人喜欢稀奇、神秘的物品。他们喜欢没有简称、在色环中找不到的颜色，例如千禧粉、中性

---

① 指的是某些或者某类型的股票，因为网络潮流而变成股票交易市场的宠儿，就像真人秀明星一样。——译者注

灰。利用这个点去更新你的包装，把这类颜色融入产品设计，并使商店装修使用这类配色。

（4）极繁主义。其包含丰富的色彩、复杂的图案和华丽的装饰。这是在西方新兴的一种潮流。因为对于有能力这样做的人来说，极简主义已经让他们感到乏味无趣了。潮流的变更是很快的，如果你觉得你的有机护肤品或有机食品品牌路线尚有效果，那么你不需要放弃极简主义。不过，如果你现在就开始走极繁主义路线，而不是等 10 年后每个企业都这样做的时候才下手，那么你的品牌就能更快地抓住消费者。

（5）过去、未来或者异域的设计思路。在营销中，我们也会用过去、未来或者异域的设计思路来激起人们的幻想。

过去。欲望强烈的消费群体会为追寻历史而支付额外费用。比如用 19 世纪流行的红色和金色来装扮商店的圣诞树，销售古代食品和好莱坞黄金时代的美容产品等。

未来。这不仅意味着推销最新的苹果手机。我们回顾一下第二章提到的水果桶。杂货店在水果桶周围营造了非常具有未来感的环境氛围，用明亮的聚光灯和高光黑色包装让人感觉水果店几乎变成了一个影院。

异域。指那些离消费者很远，不方便前往，甚至很难通过网络了解的地方。不管是苏格兰还是死海，任何令人向往的旅游目的地都具有异域风情。你也可以抽时间翻到第四章，了解海地艺术，看看真正的艺术和旅游产品的区别。

购物的失望之处和回报

对于消费者来说，购物（或者订阅）既会给我们带来回报，也会有让人失望的地方。让我们先看看失望之处。

失望之处

（1）在商店里。很多老板都很担心消费者在商店里会像只无头苍蝇一样到处乱走。超市这个例子就很有代表性。超市里通常没有太多内部装饰，看起来就像一个仓库。索伦森这类奉行行为主义的作家通过观察发现，消费者每次去超市购物只会逛到超市 20% 的区域，而 85% 的时间都在寻找他们进门前就已经确定要购买的物品。这意味着，让消费者发现或尝试新产品的概率很小。他们只会花很少的时间注意商家的新产品，所以商家必须用视觉辅助工具来把他们吸引到某某专区（或者任何一个地方），然后把新产品放到与货架或展示柜中与消费者的视线在同一水平面的地方，以便消费者能看得到。同时你需要在标志牌上运用一些与怀旧、收藏、未来等有关的设计，让消费者产生情感共鸣。

（2）购物之后。因为人们常常在购物后会后悔失望，"购物后悔综合征"已经演变成一个专业术语。这个术语一般指消费者因花费超过个人承受能力范围的金钱购物而感到后悔，但并不仅限于此。还有其他后悔的地方：

● 有时因为图片或外包装的误导，消费者购买的产品实物比预期的小。人们总是想象某家居用品或者个人物品大小应该是某样的，但实物往往和希望不符，尤其是当人们增加预算购买该产品时，失望就会加倍。

● 易变质、失效的产品：比如香水会在一段时间内蒸发后香气全无，或者产品保质期比预期要短。

● 打开便觉得无趣的产品。在许多国家，消费者喜欢在复活节时吃巧克力蛋。现在，大型超市的糖果品牌喜欢用铝箔纸把糖果包成蛋的形状，把它和2条名牌巧克力棒装到塑料盒子里捆绑售卖。包装被打开后，蛋形糖果并没有失去其价值。因为在西方，过复活节的人一般整年都不会吃这颗巧克力蛋，所以这颗巧克力蛋的形状、铝箔包装纸、里面承载的希望的寓意都会让这颗巧克力蛋变得特别。但巧克力棒，一旦从套装盒中被取出，离开了巧克力蛋，那么不管在哪个商店售卖，都与普通巧克力棒无异。但是只要盒子未拆，就能保持产品的神秘感，就像用于收藏的玩具一样。

作为营销人员，我本能地会认为商家确实应该避免让消费者失望。但事实上，学界还有另外一种观点。在评价柯林·坎贝尔的作品时，社会学讲师西莉亚·卢瑞（Celia Lury）特别指出，失望是浪漫体验的一部分。这点在本章前面部分曾有论述。这个观点认为，失望或只得到部分满足是这个体验过程的重要组成部分。

本章的标题是"欲望"。这个充满感情的词语描述了渴望的愉悦心情。试着回想你曾经渴望的某样东西，然后获得它的心情。你应该能想起当时短暂的成就感和快乐，接着情绪会突然回落。对于追求浪漫的消费者，不一定是所有这样的消费者，渴望某物会比拥有它更令人激动和快乐。从营销的角度来看，这说明消费者喜欢被"挑逗"。不管是筹备店内庆典、办促销活动、推出系列新品以及电子产品增加新内容或扩展功能，一定要在活动到来之前慢慢建立消费者预期，然后将它一点点地释放出来。当活动开始之后，如果有更多更好的产品或服务，请一定让消费者知道，千万别犹豫。

营造店内氛围：应对失望的策略

消费者希望能在店里获得快乐的体验。但是超市几乎跟仓库一样。只需加上一丁点的装饰，如彩旗或者几个气球，就能让店里显得更温馨、更特别。

包装特别的商品也需要特别的内容。美国消费者希望万圣节糖果是限量版的味道，而不是换汤不换药的常规口味。

想想那些追求浪漫、有欲望的消费者群体，例如恋爱中的男女，他们深陷在恋情带来的购买欲中。提高他们的预期，然后慢慢地给予，在消费者急于想知道你的计划时给他们一些提示。

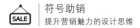
回报

在本章中，我谈了很多能通过购物获得的不同类型的回报和快乐，包括：

● 怀旧——苦乐参半的体验。

● 预测——对未来的希望和信念。

● 收藏——掌握控制权的快乐，也可以因此掌握某种技能。

● 感觉融入社会（没有被故意排挤）。

● 即时、真实的感官快乐。

● 渴望的、想象的、遥不可及的快乐，有象征意义、想象中的物品。

● 打开包装后仍旧特别的物品。

● 店内装饰让人感到愉悦，并不像闲人免进的仓库。

● 等待某物品，并且马上期待下一件物品的到来。

在本章的最后谈到有关购物的回报时，我无须赘述以上这些观点。但是我想利用一点笔墨再谈谈另一个你会觉得有用的观点：即时、真实快乐的消费者和浪漫、充满欲望的消费者的区别。

对于浪漫、充满欲望的消费者来说，他们喜欢被自己的想象勾起欲望的感觉，所以在什么地方都可以找到快乐，可能是情感层面的快乐——他们的经历和表达，且并不限于某一产品、某一场景、某一商店、某一购物目的或某一消费需求。因此这种需求是很灵活的,当然这对营销人员来说也是好事一桩。如果消费者乐于想象和幻想,就可以被激发情感,就能被点燃购买欲望。这是苹果手机的营销策略,当然也适用于消费者小一点的欲望。比如,第一章提到的果酱店的例子。如果它能引导消费者展开对历史、高雅、美好的幻想,那么它就能获利(的确也是个浪漫的欲望)。如果我们没有引入符号,即使品牌方想激起消费者的购买欲望,他们也无法营造这种店内体验。

练习

本章的信息量很大。如果在读第四章前需要休息一下,那么你可以尝试重新审视你的实体店、网店或者包装好的产品。问问自己给消费者感官快乐和浪漫欲望的点在哪里,你可以用在本章学到的技巧去提升产品设计。只要我们愿意,即使像烧烤工具、刮胡刀等很普通的产品也可以给人带来快乐。如果我们在自己的店里或者品牌中没找到快乐,那么就得自己找找原因了。

如果你已经找到至少一种为消费者提供即时的感官快乐、创造浪漫欲望和管理失望的办法,那么就可以往下读第四章了。在第四章中,我们会讨论严肃一点的话题,比如如何从零售角度来传递"优质""价值""自然"等品牌理念。

第四章
如何传递品牌理念

欢迎来到第四章。对于什么是物超所值、健康的产品、有趣的事物，消费者脑里早已有自己的观点。商家不能指望完全控制消费者的想法，但我们可以鼓励、引导消费者与我们的商店和品牌建立联系。

本章内容能帮助你

你可以将本章作为你的行动指南。当你读完全书后，可以回到本章。它可以帮助你在繁忙工作中解决营销和设计方面的难题。

当你快要看完本章时，你会知道去哪里寻找符号，如何组合符号，如何在不同营销场景中使用符号。这可以让你把关键理念传达给消费者，比如：

- 优质的产品值得高价购买。

- 物超所值、经济实惠。

- 自然、健康、可持续。

- 正宗、传统。

- 现代、面向未来。

- 激动人心。

- 强劲、有效。

- 国际范和本地化。

在本书中，有各种各样的营销技巧可以在设计门店、设施、包装、应用程序和电商平台中使用。在营销人员遇到某些重大挑战时也会被用到，主要包括：

- 如何在实体店和网店为消费者创造更好的购物体验。

- 如何设置实体店和网店才能吸引消费者的注意，帮助消费者找到所需商品。

因为零售的发展目标就是为消费者提供更好、更有趣的消费体验，同时消费者行为学研究表明，人的注意力是有限的，找到所需商品是有难度的，所以这点非常重要。但是，本章的着力点有些不同。不管我们多想把握住机会，解决实际问题，但是在非常多的场合中，品牌、零售商需要在店里传递某些特定信息，比如急需尽可能可靠地向消费者传递"优质""美味"等理念。

在与品牌和零售商打了20多年交道之后，我归纳了一些他们时常想传递的特定信息。在本章中，我会列举8个这样的信息，这些是品牌想向消费者传递的理念或印象。在讲解每一个信息时，我都会给大家一系列的符号，让大家用这些符号来创作并传递相应的信息，并运用到多个平台、渠道中。对于每一个信息，我只会挑选几个工具给大家，并尽量点出营造出来的整体效果，以便你可以在其他场景中举一反三。

优质

不管是在大卖场的产品、活动，网店还是大型购物商场中，任何事物都可以是优质的。让我马上为你解密：不管是购买什么样的优质产品，人们想要的是一种关怀、关注。不管你卖的是原生态物品，还是经典奢侈品，或是未来派的高档商品，都同样适用于这个原则。这个关怀举动可以在商店的内外部装饰、营销宣传、产品与包装设计和售后服务中应用。问题的关键在于，人们已经发现，在商店有种被机器控制的感觉。所以创新地打造关怀标志，利用人为的干预来告知消费者：我们足够关心你们，会努力为你们改善购物体验，从而让商店少一些冰冷的"机器感"。

店内设施与产品摆放

在条件允许的情况下，给某类产品一个特定的空间，比如将某类产品换到木质货架上，把酒品区的灯光调得更柔和些。如果需要推广特别的商品，请找到该商品的特点并做成一个主题展。我曾在伦敦的福特纳姆与玛森百货公司（Fortnum & Mason）看到过一个有意思的例子。当时它推广的是香槟酒，选择在楼层的中庭处摆放一个独立的架子，上面摆放着金字塔形状的酒瓶。金字塔形状是经实践证明的非常好用的一种"关怀技巧"，即使在预算低的商店也能应用。活动主题是"气泡"。用"气泡"这一主题推广香槟是一种借代（用一个小特点来代表整个商品）。百货公司还在展台上方系上一条线，线上悬挂着一些透明的大装饰品。这种小巧思增加了展台的美感，提升了消费者的体验，同时向人们传递了产品的趣味性，表明了产品的适用场景。

包装设计

经济实惠的产品通常每份的量都很大。所以如果你想让产品变得优质，就要让包装变得小一些，因为"物以稀为贵"。人们会从包装上的每一处看到品牌对消费者的关怀和用心。如果不是品牌设计特意突出的部分，千万要避免在包装上使用工业元素，用这种方式来传递对消费者的关切。我曾见过一个卓越洗手液品牌。无论是产品的颜色，包装上的文字还是瓶身的设计都很贴心、优雅，但是塑料泵头却把整个产品的美感都破坏了。塑料泵头更适合在修理厂或者医院使用。在这个品牌的洗手液包装中使用这种泵头，消费者似乎并不介意，或者说消费者愿意假装忽略它的存在。品牌希望消费者能够礼貌性地选择对其视而不见。如果能采取一些更用心的关怀措施，我们就能减少消费者的不适感。

颜色

深色很适合表示复杂、老练，因为它代表着夜晚和成年时期（与红黄蓝三原色和儿童产品的柔和色调形成对比）。黑色也代表可靠。深色调代表保守或经典，比如深紫色（茄子色、乌紫色）、海军蓝、酒红色、墨绿色。如果想使用金属色，虽然金色看起来很奢华，但不要大面积使用，可以考虑用青灰色代替。如果你的客户喜欢大面积金色，那么你可以在设计中放心地使用它，但是不要只是涂上金色，还要配以复杂的图案。

字体

新罗马字体（Times New Roman）是表达优质含义的可靠选择，因为它具有经典的外观，而传达"优质"理念的字体通常（但并非总是）带有衬线。高瘦的字体看起来很优雅，它们通常

（但不总是）以大写字母的形式出现。草书也可以很精致，但是它被太多的大众品牌使用了，已经在太多场景中出现了。

我们看到，不同产品对于优质的表现方式不一样，比如传统的波特酒或雪莉酒的包装文字会使用新罗马字体或类似字体，也许都是使用大写字母。科技品牌会使用细字体，因为它看起来很优雅，但会用无衬线字体以增加一些现代感。质朴的品牌可能会选择看起来像是手写体的草书。请记住，展示你对消费者的关注才是最重要的，因此只要你的设计决策和执行是有意识、深思熟虑的，就可以自行决定使用哪种字体。

物超所值

经济实惠的产品一直比较吸引消费者。自零售行业出现以来，商家就承诺商品会物超所值。因此，你已经通过看过往的相关案例知道许多符号了！这使物超所值的理念很容易在各零售场景中体现。即便如此，我们还是需要理性地使用传达物超所值理念的符号。虽然关怀符号可以让商品看起来更高端，但我们不能自动得出结论，认为产品实惠就是不关怀消费者的体现。过多使用传达物超所值理念的符号会让你面临生意失败的风险。

如果你想了解物超所值的概念是如何拖垮低端市场的，可以上网搜索《清仓大甩卖》（*Closing Down Sale*）。这是英国艺术家迈克尔·兰迪（Michael Landy，后来以损毁家里的物品来创作而出名）的一个艺术作品。在创作《清仓大甩卖》时，他巧妙地运用了一堆传达物超所值理念的符号。

例子：迈克尔·兰迪的《清仓大甩卖》

该作品用一个大的手推车制作而成。手推车代表着超市，这个符号传递着人们可以在超市里寻找物超所值的商品的含义。

手推车里装有超大的新奇玩具、大型工具和实用的家庭用品。如果要找出它们的共同点，那就是大部分商品都是用颜色过于鲜艳的塑料制成的。

手推车内的商品几乎被插在上面和手推车上的标签挡住了。标签有荧光黄的、粉色的、橘色的和绿色的。上面的文字是用马克笔手写的："全部清仓""买一送一""半价""清仓甩卖""我们的声誉就是你的保障"等。所有的字母均是大写，让人感觉是在大声吆喝。荧光色标签也让人有大声叫卖的感觉。

兰迪在为我们做符号分析，这种形式在现代艺术中很常见，所以我们要熟悉它。他向我们表达了"忽略、无视"的含义。每个标签单独来看都没有问题，但是在这个作品里它们显得多余。

这些标签堆叠在一起，商品几乎被它们淹没了。这让人感觉是商店经理急需吆喝叫卖，而不是消费者需要购买这些商品。

选择几样有用的符号标志来避免《清仓大甩卖》这样的错误效果。2~3 个符号即可，不需要全部的标志，同时限定在商店的部分区域开展此类活动。

货架

各地的消费者都听说过折扣商品区。我认为，只有折扣区的商品比较有价值时，才能达到吸引消费者的最佳效果。在折扣区找打折产品是一种乐趣。在靠近结账出口的手推车里放一些新鲜的烘焙食品也很受消费者欢迎。这样能让消费者在结账前再买点东西。

标志牌、价格、文字

用快乐的方式来传递物超所值的信息会更吸引消费者（与兰迪的《清仓大甩卖》的过度甩卖氛围形成鲜明对比）。近年来，电商在这方面起到了示范作用。在网购中，买到物美价廉的产品不是一种无奈之举，而是一项"竞技运动"。亚马逊、易贝（eBay）、天猫、淘宝等电商就抓住了"黑色星期五""双十一"购物狂欢节的机会，让消费者在有限的时间里参与精心设计的"游戏"，与他人竞争后获得优惠折扣。倒计时开始、优惠价格出现、优惠价格消失，这是商家给消费者营造的紧张刺激的购物氛围。

2019 年的麦肯锡报告指出，在中国 2018 年的"双十一"购物狂欢节中，有近一半的天猫商家通过直播来销售产品。价格明细很重要，但在新的营销标准中，娱乐性也很重要。

颜色

在促销中最经典的颜色就是红、白、黄。写着"促销""特价产品"等字样的标志牌可能是圆形或长方形的，偶尔是旗形的。文字几乎占满标志牌，可能是白底红字，或者是红底白字。细节和重点内容会用黄色标出。通常特定促销产品的价格牌会用黑白双色，但也不绝对。黑白双色组合可以表达简单、事实的意思。

包装

通过家庭装、多件装和其他的大包装来达到让消费者认为产品经济实惠的效果。

自然、健康、可持续

自然、健康、可持续对于消费者和商家来说都是很重要的概念，它们体现在许多种类的产品中，包括但不限于食品、个人护理品和家庭用品。在这个部分，我会把它们作为一组概念来谈，因为它们都代表着"自然纯正、未经干预"。

自然这个概念特别吸引那些通常接触不到大自然的人。世界各地的多数人都在写字楼或工厂等内工作，他们生活在高度城镇化的环境，人群拥挤，广告、产品数不胜数。他们之所以能长时间投入工作，主要依靠远程服务。订比萨主要是因为他们自己没有机会做饭。医生通过视频远程会诊，他们无须到医院就诊。假期活动，甚至户外运动对他们来说都是遥不可及的事。这些人当中有许多人是收入不菲的，他们渴望大自然，也珍惜大自然，即便在现实中他们被剥夺了亲近大自然的机会。这里有一小部分关于自然的符号可以被运用到零售领域。

店内设施与产品摆放

木箱、托盘、木桌、柳条篮子以及黑板上写着的白色粉笔字，这些都能体现农贸市场产品的简单和健康。放置这类型产品的重点区域有商店的生鲜区、烘焙食品区、熟食区和饮料区。

包装

有透明小窗口的包装体现了商家的诚实，因为消费者可以看到包装里的实物。简单、不花哨的包装就是吸引人的包装，比如牛皮纸袋（见下文"材料"处）。

颜色

绿色以及燕麦色、石青色、灰黑色等中性色都能体现"自

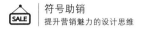
然"。如果你想将产品包装得有高端商品的感觉,请注意使用柔和的色彩:一袋低调,用自然色包装的有机燕麦粥或奇亚籽;一盒普通家庭装麦片,包装上是太阳、蓝天、刺眼的黄白相间玉米地。这两者的效果肯定不同。

材质

牛皮纸和麻绳;再生纸、手工纸、波纹纸;各种织物,尤其是粗麻布;稻草、任意编织物;耐磨材料,比如木块、砖头、瓷砖等,都可以给人传统肉铺或牛奶屋的感觉。

图案

要包含自然的元素,比如水果、蔬菜,当然还有动物、树、稻田、山峰、太阳、河流、瀑布和繁花等。田园风光:草原上的羊群、雪后的森林。当然还可以利用体现"纯正""传统"的符号来提升自然感。这点将在后文讲解。

字体

不完全对齐的字母传达了手工制作的含义。一些品牌使用肥大、圆润、易于阅读的字体来传达自然和未受破坏的含义。这也可以通过使用象征童年的符号来实现:这个产品看起来是如此天真,以至于孩子也可以理解它。与孩子一样,它温柔、纯洁、亲近自然。

多媒体、电子商务和社交媒体营销

用照片或视频来展示产品的自然属性。某些网红就深谙此道。珠宝商、摄影师、音乐人乔娜·金顿（Jonna Jinton）通过她的社交平台售卖产品。她的营销策略就是利用好自然地理，例如瑞典北部未被破坏的乡村风光。因此除了她的产品，她还有效地把瑞典给人的印象打造成一个纯净的世外桃源。

口吻

根据你想传达的不同信息而使用不同的设计。

自然。用一系列的元素营造温情的氛围，比如"爱的关怀"（爱人类，爱地球），无辜的大眼睛，怀旧感，对回归自然的渴望，对自然之美和纯净的喜爱。

健康。对人类微笑的描绘，阳光、能量和活力：例如，选择的字体看起来像一捆玉米，正在向阳生长。幸福感的表达则更深沉，营造出使用某产品是"活在当下"的体现。

可持续。夸赞消费者，告诉他们，他们的购买行为是崇高的，能让世界变得与众不同。这种信息的传达会让消费者感觉良好，但是需要企业努力创造"更美好的世界"的背景故事来支撑。你可以翻到第十章有关智慧城市的内容，了解"更美好的世界"由什么组成。

正宗、传统

只有商家能提供有关产品，那些经常加班、无业余时间，但又向往自然的消费者才愿意多付一点钱来获得正宗的产品。关于纯洁、自然的幻想往往与真实或过往经历有关，是人们怀旧的体现。那时候人与人之间很真诚，人们对曾经生活和工作过的地方很有感情，他们在那里花很长时间做饭，把物品收拾得井井有条。可作为消费者文化中的一员，我们却成为自己成功的牺牲品。我们发明了社交平台，现在它们成为维系我们关系的纽带。我们发明了客服中心，可现在我们中的一些人必须自己在里面工作。近年来"正宗"成为热词，因为和"自然"一样，它"供不应求"。

各品牌和零售商非常了解，消费者是多么渴望正宗和传统的产品。这就好比自然代表简单和纯洁，人类各领域的活动和习俗则体现了正宗和传统。当我写到这里的时候，我看到一名叫康纳·林奇（Conor Lynch）的推特用户，在推特上放了伦敦维多利亚大街的照片。在照片中，钢筋水泥筑就的摩天大楼占据了这条街的大部分地方，而1862年建造的艾尔伯特酒吧（Albert pub）仅占了一小块儿地方。照片中的两者形成了鲜明的对比。在这张照片中，酒吧俨然成为最后一个脆弱的历史遗迹，就像老人的最后一颗天然牙齿一样。因为这个小型建筑与周围的摩天大楼相比占地面积很小，当然也因为它历史悠久、装饰性更强，所以被认为是传统的建筑物。拱形的格子窗和白色的百叶窗在暖色调的黄色砖块映衬下显得格外醒目。灌木和花篮装饰着建筑物一楼的外墙，甚至楼上阳台的植物也蔓延到楼下。一楼窗户挂着长窗帘，窗两侧是装饰飞檐的柱子。这些建筑特征显然不会在附近光滑、闪亮、棱角分明的现代主义摩天大楼中出现。这种对比让艾尔伯特酒吧看起来更小巧、珍贵、脆弱，同时又相当"壮丽"。最重要的是，它看起来不像是机器制造的，而是真实、纯正的建筑，处处都彰显着人类的工艺技术和艺术特质。

这里有一些简单的具有"正宗"特性的符号，你可以在门店和零售营销中使用。在那之后，我们再来谈谈如何在保持传统的同时体现现代感。

店内设施与产品摆放

如果你考虑和大部分超市一样，用网格式布局，并且统一使用明亮的现代感色调，那么当商品有点不完美或者摆放有些随意时，消费者就会认为他们找到了正宗的东西。所以请摒弃把商品码放在货架上的老套方式吧。试着把物品都堆在旧木桌上，给消费者一次探索发现的机会，尝试着把不同的产品组合在一起，可能会产生让人意想不到的效果。

材质

与前文列举的自然材质一样，在这里可以考虑用毛线、丝、棉及纺织品来包装。如果你所在区域的商品通常使用塑料包装，那么可以考虑使用一些更古老的包装材质，如蜡纸，甚至铝箔纸，来吸引消费者。

图案

像上文提到的"自然"符号一样，考虑找一个能代表传统、自然、破坏较少的室内装饰品，比如在炉子上烧着的水壶，而不是使用插头的电水壶；用木头和钢箍做成木桶状的老式浴缸；用来研磨药草和香料的石研钵。

字体

涂漆标志或者看起来好像已经染色的标志，虽然使用频率低，但可代替黑板上的粉笔字标志。

传统却现代

就像使用太多"物超所值"标志会拖垮一个品牌一样，过多使用传统标志也可能会弄巧成拙。你可以通过选择使用恰当的标志来为现代品牌增加正宗或传统的光环，而不会适得其反。例如，如果你查看过去的包装，会发现上面经常堆满文字并使用小字体。不要简单地复制这个设计——今天的消费者想要更干净的设计和更多的留白空间。我们可以在现代设计和过去的关键元素中找到平衡，如使用过去的装饰卷轴和柱子。我们在第二章中讨

论荷兰设计的克制和意大利设计的奔放时谈到了负空间和装饰卷
轴的应用。

面向未来

品牌和商家可以通过不同的方式来解读未来这个庞大的话
题。其中一种方式就是欣然接受面向未来的价值——比如包容
（我们会在后文谈到这个话题）。另外一种方式就是在包装和店内
陈列方面使用一些简单的未来元素，比如我们希望看到闪光表面
以及白色、银色、铬合金色的，极简主义等"太空时代"的设计
元素。我在稍后会展开讲解这些内容。再有就是通过科技创新获
得未来感。比如，消费者想通过科技来试衣、装修房子、试驾新
车，或探索旅游胜地，他们应该会认为这就是面向未来的体验。
如果你真的想利用科技创新让消费者感觉走向未来，那么一个原
则就是，该创新应该要满足消费者真正的需求，或者改善消费者
购物体验，比如让购物更方便或更具趣味性。许多实体店为了开
发而开发，但实际上消费者在应用程序（APP）上购物非常困难，
而且根本找不到物超所值的产品。

下面是一系列传递未来感的符号，可用于网店和实体店中。
如果说之前我们讨论的"自然"和"传统"指的是未被人类或科
技破坏或是干预的事物或过程，那么"未来感"则与之相反，它
赞美人类的伟大成就，这些成就并非指能工巧匠的巧夺天工，而

是指那些远见卓识的科学家、工程师建造的实验室和空间站。你可能会注意到,未来与传统和自然一样,从某种程度上来说是人类的愿景。当然这对于品牌和零售商来说是好事,因为"未来"能带来创意和可能。

店内设施与产品摆放

因为未来是一个很大的概念,因此传达相关含义时最好也要在门店里设置大型的展示空间。我在购物中心、机场和地铁站都见过很成功的例子。他们重金投入创意设计和展示方式,并提供足够大的场地,比如:

● 外置建筑,如在大楼外接入外置玻璃观光电梯,而非内部的封闭直梯。

● 感应式通道及装置(声控或光控)。

● 大型、俯冲的曲线设计,与传统超市或仓库刻板的网格设计不同。

● 回归自然,利用植物,甚至是水元素来设计楼宇及其外立面,营造亲近自然、流动的氛围感。

● 注意在消费者购物时为其提供美好的感官体验——打造一个没有生肉味或者汗味的购物空间。可以将它设计成疗愈空间:有干净、卫生的感应式洗手液机,还有幽香的气味,搭配舒缓的音乐。

● 打破零售的传统和惯例——如果典型的超市设定是有很多

产品而员工很少，你可以通过改变这个比例来展示未来主义，即只展示种类有限的产品，但有很多员工来负责做销售工作。苹果商店就是如此，他们通常人手充足，而店内只有少数几样核心产品被展示。

材质

材质应该是我们首先考虑的问题，它甚至比色彩更能凸显未来感。机器加工的材料，比如芳纶纤维、麦拉膜（聚酯薄膜）以及可以用来制作极限运动和紧急救援场景中必备物品的银色发光毯。

虽然我们通常不认为声和光属于"材质"，但是它们在营造未来感时相当重要。因为人们总会被声和光的多种应用激起好奇心，比如它们在眼部激光手术和口腔科的应用。

颜色

我们认为的"未来色"是白色和银色。有趣的是，我们很少认为未来是五颜六色的。蓝色可能是一个亮点，因为它能使人联想到科学考察中那耀眼的蓝白光。

字体

可以像科技品牌一样选择纤细的无衬线字体。现在使用过于极端的未来感字体并不合适，因为它们很快就过时了，就像20

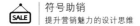
世纪 80 年代的粗像素电脑字体一样。可以效仿苹果的设计风格，选择圆润内敛的字体。记住，少即是多。

轰动、激动人心

很多时候品牌或零售商想要向消费者传达"轰动""激动人心"的含义。有这种含义的产品包括：烈酒和软饮料；食品，尤其是糖果和零食；化妆品；娱乐产品；香水，特别是男士香水；汽车；科技产品等。商家在很多时候，比如在季节性的庆祝活动、推广促销时，或当消费者对去雪糕店、玩具屋、时装店等特定购物场所有更高要求时，都希望有"轰动""激动人心"的效果。

如果我们停下来思考一下"轰动"和"激动人心"这两个词，我们可能会注意到它们有一些人们发自内心的东西。它们描述的是实际反应。在心理学中的专业术语是"唤醒"。唤醒描述的是转变为清醒的状态，与之相反的是睡眠状态。唤醒是一种清醒但属于情绪中性的生理状态，通常由人脑来进行解读。唤醒的可以是愉快或不愉快的体验，这在很大程度上取决于所处的环境。在营销方面，我们主要是试图激发积极的体验，比如"感到兴奋"——尽管坐过山车和看恐怖电影等时的恐惧带来的消极的体验也存在。虽然这听起来有点偏术语化，但我告诉你这些是有原因的。将模糊和主观的营销概念（例如"轰动"和"激动人心"）改为更简单、更客观的"唤醒"状态，有助于零售营销人员选择各种现有技术来激发消费者的购买欲。任何能让消费者感觉更清醒的体验都是愉悦的体验。

最简单的方法是找到常规物品（例如，超市手推车）或正常做法（例如，把软饮料放在过道），然后将其令人兴奋的一面发挥到极致。下面是几个具体的例子。

店内设施与产品摆放

我去过一个法国超市，可能是家乐福的分店。店铺很大，甚至设置了家电区。这个区域借用了类似歌舞厅的符号标志，效果显著。黑色天花板（本身就不寻常）上装着夸张的多色聚光灯，指向不同方向。这个设计很吸引人，让人感受到了成年人的乐趣。

包装

好的包装盒不仅有容器的功能。比如，打开包装盒时会发出声响或者让人有触觉感受，包装盒通过这种方式给消费者带来不同体验（这让人联想到品客薯片广告语：一旦打开就停不下来）。

颜色

避免使用荧光色。想要用颜色去吸引消费者，最聪明的办法是出其不意地给他们惊喜。比如在店里大面积使用品牌颜色，用限量版的当季色包装商品，或者使用通常认为比较灰暗或不起眼的颜色。

材质

新材料往往能给人带来惊喜。2000 年左右，伦敦有一家名叫玩耍工坊（Playlounge）的店铺，主要向成年人售卖玩具。这里的玩具是指办公桌小玩偶、小配饰等新鲜玩意儿。玩耍工坊还凭借其创意货架得过零售设计大奖。他们用黄橙色有机玻璃制作而成的"蜂巢"代替了传统灰钢货架。"蜂巢"被钉在墙上，上面有很多的小格子，消费者无法用肉眼看到格子里商品的全貌。他们必须把手伸到格子里，把商品取出来，才能知道是什么。这种从格子里取出商品来仔细瞧的简单操作也是很有趣的。

数字化

可以利用动作和声音来吸引消费者的注意。数字化不意味着只有视频，数字平台也可以给消费者带来独特的互动机会。比如，耐克网站上有一个页面，可以让人们自己设计一双跑鞋。在我给自己设计完一双黄色和皇家蓝的高帮运动鞋仅 10 分钟后，我感觉这双画中的鞋已经是我的了。这双鞋定价 100 英镑，且购买前需要注册成为耐克会员。虽然有人说这些设计元素都是已经预设好的，但是在这设计过程中，我也有幸参与了产品决策，接触了有趣的设计工具，并且增加了对品牌的好感。

力量

力量的内涵很有趣，与功效密切相关（比如用在医学或清洁用品中）。它不一定和未来主义的意思重复，或是它是比自然更强更好的东西。医药和清洁用品的发明是人类智慧的结晶，我们用疫苗和消毒液的力量战胜了自然界中对人类威胁性较大、较难控制的东西，比如有害微生物。除此之外，在运动、电子竞技、汽车、健身训练、商业培训、销售、个人品牌塑造等各方面都能找到力量的体现之处。在亚马逊、联邦快递（FedEx）和美国联合包裹运送服务公司（UPS）等服务业品牌的宣传和设计中也能找到力量的身影。

力量通常指人们做成某事的能力。它需要依靠某企业的专长或有效的产品要素，或者两者皆需。社会学家通常指的力量是个人和组织做出改变的能力。这种改变可能是零和博弈，即一方获得控制权，另一方被剥夺或被限制权利。

从零售的角度来说，为消费者打消疑虑的办法就是让消费者知道，你的品牌或商店能让他们变得更强大，让他们能达成目标，不管这个目标是邮寄包裹到某处还是改变世界。不管是获得社会正义还是擦洗干净沥水架，人们很清楚自己的目标。所以你要做的就是告诉他们，他们的行动是有效的，而不是把功劳全揽到自己身上。这里有几个例子与大家分享。

店内设施与产品摆放

目标客户群为男性的商店通常会使用体现力量的符号。写到这里时，我刚好在看福洛克（Foot Locker）运动品牌新店的图片。2020 年年底，此品牌在温哥华开了一家"社区力量店"，同时在多伦多开了另一家分店。夸张的聚光灯和黑色标志让整个店铺看起来十分成年人化且吸引人——即便店铺的位置在儿童区。但是它与家乐福家电区的"歌舞厅风"不同，它更偏向于工业风。这种商店更喜欢仓库类型的风格。灰钢货架搭配灰钢长凳。灰色地板像反光的湿水泥地（它可能是乙烯基聚合物材质的）。天花板上吊着一盏普通的白色大吊灯，管道和通风口暴露在外，清晰可见。勤奋催人奋进，机械展现力量。这家店不仅售卖衣服鞋子，还兜售着力量改变世界的梦想。

包装

健美运动员经常购买的乳清蛋白补充剂和汽车护理的发动机油等产品的包装非常能体现力量，比如看起来很重的大桶和容器以及带有把手的罐子，在确保安全的同时方便消费者提拉。还可以看看形状像枪的家用清洁产品：带有"扳机"、喷嘴的包装。也可以使用螺纹、扣环或螺栓来确保产品包装的密封性。

材质

通常使用粗厚的塑料、各种金属材料等。除非是制作托盘、板条箱等工业品，否则不怎么强调使用木材等天然材料。

字体

通常使用厚的、块状的和大写的字体。有时可能会用斜体来体现进步和前卫。人们很喜欢使用类似模板的字体来体现力量这个概念，因为它们增强了工业感和为工作而奋起的感觉。

颜色

传统上喜欢使用黑色和银色，因为它们代表"男子气概"和未来。也有许多品牌喜欢使用亮橘色，因为它给人一种活泼、实用的感觉，而不是虚无缥缈的幻想，洗涤产品设计就有点类似这样，比如汰渍，传递的是力量和功效的信息。美国家具建材零售商家得宝（Home Depot）则使用了本章所列举的几乎每一种类型的符号。

国际化与本地化

"国际化"与"本地化"并非指字面意思，而是商家想传递的信息和想带给消费者的体验。使用恰当的符号可以创造出消费者想要的更多效果。重要的是，要清楚为什么要唤起消费者脑海中的这些想法。如果你负责的是美容类产品，国际化可能是一个很好的概念，因为我们售卖的是一种名人生活方式和遥不可及的梦想。一些具有全球影响力的品牌，如可口可乐、雀巢、星巴克和麦当劳，都在兜售全球一致的理念，因此国际化对它们来说很合适。尽管如此，很多时候也应该用本地化吸引消费者。我的意思不是向其他地方的消费者出售有异域风情的产品，而是指用当地消费者喜欢的方式、熟悉的标志来吸引他们，比如英国伯明翰市的公牛吉祥物。有时，国际元素和本地元素可以结合在一起，用于同一个产品中。以下是一些建议。

如何国际化

随着全球消费文化的发展，品牌和零售行业中出现了一种在全世界都能被识别的符号。事实上，这个符号源自北美地区。你可以通过以下符号传达国际化信息：

● 店铺面积大，店内配置大型设施、大幅标志和大型家具。比如美国的沃尔玛（Walmart）、塔吉特（Target）、巴诺书店（Barnes & Noble）等的仓储式卖场设计。

● 消费者可以坐下休息的休息区。如果你的商场够大，他们还可以在里面散步。

● 内置杯架的购物车。可放置软饮料或咖啡等解渴的饮料，为逛街增添了乐趣，让购物体验更加悠闲。在商店入口处提供饮料可帮助人们转到"浏览商品模式"。

● 大包装。人们可能要开好一会儿车才能到店里，他们大多是不会带着小包装的商品离开的。

● 颜色非常花哨（因为品牌之间竞争激烈，且各自都很有信心）。在包装上，商品名几乎占据了正面的所有宝贵空间。

● 制定营销策略时需包括能让消费者相信店铺或商品的理性原因。

如何实现本地化

如果你想为你的国际品牌增添一些地方特色，我建议你与当地艺术家和设计师合作，将符号标志融入你的营销活动中，从而引起当地人的共鸣。消费者喜欢国际大品牌、全球消费文化巨头的魅力，但更喜欢大品牌对当地习惯和品位的认可。世界上每个地区都有自己的设计传统，当中的艺术和技术可能已经经过多年的打磨。

我想请你注意两个与本地化密切相关的艺术范例，几乎所有营销人员都可以从中有所获益。

真正的本地艺术

海地画家汤姆·埃尔塞伊（Tomm El-Saieh）在海地长大，尽管他目前住在迈阿密，但仍与海地保持着密切联系。埃尔塞伊的画作具有浓郁的海地文化气息，与卖给游客的现代民间艺术复制品有很大不同。你很容易就可以在网上找到这些复制品。这种面向游客的民间艺术品比较简单，甚至有点可爱。田园风光中的集市、村落等场景都被渲染得淋漓尽致：这里有一棵树，那里有一条小溪，那里是一间茅草屋。人们在取水，小鸡在溜达。但埃尔塞伊说："他们总是把鸡放在那里，没有别的元素可代替了。"

埃尔塞伊不一样，所以我向你推荐他的作品。游客从海地外看海地文化，除了溪流和鸡外什么都看不到。而埃尔塞伊则能从其文化内涵来理解它。他的抽象画充满生命力，将海地音乐的精髓通过画面传递出来。

在他的画作中你能捕捉到海地植物群的丰富色彩和形状。它们能够与生长在海地文化中的人们产生共鸣，也能与游客产生共鸣。这种原汁原味的设计是我们营销人员需要花费大量时间才能找到的。

德国、菲律宾和墨西哥的街头艺术

了解一种文化的好方法就是看看那里的街头艺术。最近，我养成了一种习惯，将街头艺术纳入我的数据库中，这样我就可以在任意一个符号项目中使用它，尤其是在项目涉及多个国家的情况下。我最近在一个涉及德国、菲律宾和墨西哥3个国家的食品项目中就是这样做的。世界各地的街头艺术都有一些共同点：非正式、偏年轻化；它通常既表现当地历史，也表达时事观点。只要你花点时间看一看就会发现，不同地域和文化的街头艺术也存在差异。

在开展这个食品项目时，我发现德国街头艺术的色调最暗，最"前卫"，主题最尖锐，同时带有少许幽默感。说到这里，我认为菲律宾的街头艺术非常具有幽默感，是我数据库中最具多样性的艺术之一，反映了该地区融合了亚洲、欧洲和美洲的多元文化。至于墨西哥，它的街头艺术或许是最用心的。这里的艺术家喜欢画比真人的脸更大的人脸，脸上的表情很丰富，从大而强烈的情感（例如爱）到更抽象的状态（例如智慧和遐想）都有表现。

如果你希望你的产品既有国际范又具地方特色，那么你也要考虑提升特定市场的购物体验。当然这会有些实际的、经济条件上的约束，但也会带来机遇。在这个问题上灵活一些，可以让你在两者间取得平衡。比如品牌的视觉识别在世界各地几乎都是一样的，但是你可以在重点产品的包装或者标志上做些改动来迎合当地的消费者。有关国际化和本地化营销的具体事例在第二章。你也可以在第十一章靠后的部分查看国际化应用技巧。

本章谈到了许多可以引起消费者共鸣的内容。我希望通过这一章，让大家都能清楚地知道，品牌或零售商可以从很多地方入手，激发更多与各种品牌理念有关的创意。

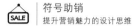
想必大家脑子里都塞满了各种内容。我想现在是时候停下来好好思考一下你的品牌和门店的事了。

● 在本章中的几个概念中，你最希望消费者深入了解的是哪个？
● 在考虑自身的限制和机遇后，你认为哪些符号可以用在你的营销策略中？

请你将以上 2 个问题的答案列一个单子，然后我们翻到第五章。

第五章
消费需求与消费行为

本章我们将讨论这一主题，或者说，分析一下"几乎一年没有购物的我是如何在一天之内买了 21 件衣物的"。

本章内容能帮助你

● 知道如何根据社会趋势变化来适应新的、快速变化的消费需求。

● 当消费者产生新的消费欲望、寻找理想的消费体验时知道如何配合。

● 知道如何帮助消费者从完成既定消费任务到激发他们更多的消费欲望（这比打乱他们的消费习惯更好）。

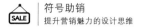
● 认可并支持消费者讲述的各种故事，并在消费者购物过程中的每一步都对他们进行指导。

我的消费故事

那是一个星期一的上午。我坐在伦敦家里的办公桌前，按部就班地工作。自从新冠疫情暴发以来，我近乎全部时间都坐在办公桌前。在家里待了 14 个月后，我的消费习惯也发生了变化。点外卖的次数增加了，但几乎没买新化妆品。服装购买量也降到了最低点，一年多来购买的衣物竟只有内衣、袜子和 T 恤。

12 小时后，我在购物网站上买了以下物品：

● 5 件朱尔斯（Joules）网站的衣服（其中 2 件是在"计划内的"）。

● 5 条 H&M 服装网站的亚麻长裤。

●（在亚马逊购物网站上买的）5 件装的鲜果布衣（Fruit of the Loom）牌 T 恤。

● 3 条（购买自易贝网的）轻便棉质工装裤。

● 1 双［在购物网站急买网（ASOS）上买的］新百伦（New Balance）牌运动鞋。

● 2 件宾舍曼（Ben Sherman）牌男士衬衫。

我在 6 家网店花了大约 450 英镑，这一数字是一个普通英国人 1 年服装支出的 85% 左右，或者说在新冠疫情暴发前习惯性消费的 85% 左右。

我承认，把这个事情告诉你，我真的感到有点不好意思，因为后来我又买了挺多衣物。我通常不会如此详细地透露自己的购物行为。但这一天与平常的日子不同，不仅因为我去了以前不会去的网店买衣服，还因为我开始截屏和做记录了。

虽然这只是我个人的体会，但它符合地方经济和零售业的大趋势。英国广播公司（BBC）在一份名为《2020 年居家消费者会减少购买新衣服》（*Shoppers Stuck at Home Shun New Clothes in 2020*）的报告中详细介绍了以下趋势：

- 总体而言，2020 年服装销售额下跌了 25%。
- 但家居服等舒适的室内服装销量有所增长。
- 网购额较往年大幅攀升，目前占零售总额的三分之一。
- 急买网等纯线上时尚零售店销售情况很好。
- 消费者通常不喜欢购买前无法试穿所带来的风险，但在商业街实体店暂停营业时不得不承担该风险。

此外，在新冠疫情期间，有关消费者文化的逸事也被人津津乐道。某些消费者称自己的支出大幅上涨或者莫名其妙地时高时低，自己买了一大堆有用没用的东西，比如新奇的家居用

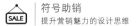
品、礼物等。

当我观察到周围消费者行为的变化时，也在记录自己一天的购物情况。我突然想起，当谈论"消费者"时，我经常对营销人员使用的语言感到不满意。"消费任务"似乎只是消费的冰山一角；"消费需要"似乎是高度主观和多变的词语；"购买决策树"①看起来越来越抽象，离现实越来越远。最重要的是，在谈论购物时，传统零售营销方式似乎遗漏了很多东西。我注意到，消费者的行为其实是流动、混乱、非线性的。最令人惊讶的是，许多故事融入了购物行为中并引导其发展方向。它们是过去、现在和未来的故事；也是消费者自己和各种关系的故事。

这就是本章所讨论的内容。消费需求在改变，我们营销人的思维也要改变，我们必须跟上潮流。

掌控、奖赏、舒适

在那个星期一，在我做好购物准备之后，我知道我一定会买几件商品，但是到底是多少件就不得而知了。但是我知道一旦找到我想要的，我就会买几件同款的商品。我经常这样做，特别是买日用品的时候。我不是特别喜欢购物的人，但是我喜欢预见未来，所以如果我需要买某一样商品，比如一双鞋子或者一包饼

---

① 指消费者购买决策过程中考虑各种因素（品牌、功能、价格、包装、产地等）的先后顺序。——编者注

干，我通常会买 2 份到 3 份同样的物品，买其他商品时也一样，我觉得这样能节省购物时间。当然你可能会认为这是自欺欺人的小把戏。其实我的购物次数不比那些喜欢购物的人少，但其实我买了许多没必要的东西。

这是怎么回事？一方面，这种类型的消费行为被认为是一种高度责任感的表现，就像马克·扎克伯格认为，买多件一模一样的灰色 T 恤能体现他对工作的付出。看看他经常被引用的一句话：

"我真的很想厘清我的生活，因此除了思考如何更好地服务社会，我尽可能少地做其他决定……这就是我所关心的。这就是我每天穿一模一样的灰色 T 恤的原因，尽管听起来很傻，但这是真的。"

借用马克·扎克伯格的例子，我的理由就能成立了。作为居家办公的人，我经常需要参加线上会议，所以需要看起来很精神。但是我觉得客户开始注意到我常穿同样款式的两件毛衣了，一件红色，另一件石灰色（和轮流穿一模一样的 18 件灰色 T 恤完全不是一回事）。我现在想通过购买多件不同的工作服来理性地解决这个问题。在我的想象中，这会为我节省很多早上穿衣服的时间。同时，这也体现了一种潜在的控制欲，这可以从一个装满类似，甚至一模一样衣服的衣橱中得到证明。事实上，这样的衣橱本身就是一个符号。

我认为，在新冠疫情期间发现个人支出增加或变得不稳定的消费者，并不是有控制型人格，而是无法自我管控。他们需要通过购物来减少焦虑，并通过给自己买礼物获得慰藉。事实上，很多人很焦虑。

我想说的是，控制和安慰行为通常是应对焦虑和其他不适的表现。新冠疫情加剧了类似疯狂网购的行为，但并非引起这种行为的原因。即便没有新冠疫情出现，只要人长期待在家里也会出现这种现象。如果说 18 世纪末 19 世纪初百货商店的出现让人们，特别是让女性走出家门（把购物变成一种休闲活动和一道风景线），那么互联网的发明则让人们再次回归家庭。新冠疫情只是给居家的人们多一些购物的借口，来缓解他们的不适、控制欲和奖励欲。

我们待在家里当然也只能上网。那些居家办公的人会发现他们一天 24 小时都待在室内。对于上百万人来说，工作时间主要集中在和团队开线上会议的时间，这让他们有机会去审视自己的外表并因此感到焦虑。到了晚上，待在家里的人又陷入视频网站、游戏网站或者社交媒体，无法自拔。我和大家一样，也很喜欢社交媒体。在新闻上可以看到很多有关使用社交媒体频率与焦虑症关系的数据。我们随手就能找到这个关系存在的原因。社交媒体让我们接触到数以万计的人，从某种程度上来说这是史无前例的。每个人都能看到他人在推特、脸书、Instagram、YouTube

和抖音上发布的内容。看到一则内容就像进行了一次微型的社交活动：一个人在讲，另一个人在听。人们在互联网上的顾虑比在现实中少，畅所欲言，但遇到"键盘侠"的概率很高，有些互动也会比较消极。所以说网络会对心情和心理健康产生不良影响也就不足为奇了。科技产品能给人带来慰藉。在我们居家需要安慰时，居家购物也能达到同样的效果。

这就是消费者如何进入"焦虑—购物—焦虑"的恶性循环。我承认，没过多久我也进入了这样的循环。

营销建议

社会正在迅速变化，零售业也正处于转型期。数字文化和全球大众文化蓄势待发。焦虑的人在推特上与陌生人争吵，然后穿上新睡衣、戴上新帽子、玩着新的电子游戏，因为这能让自己感觉更好，他们的装备是在镜头前而不是在户外用的。有些消费是冲动的（因无法适应，受消极思想驱动的行为）。作为企业管理者和营销人员，我们希望能从道德出发来制止不良行为。但同时，我们需要消费者，大多数经济体需要零售业，因此我们必须找到生存和发展的方法。以下是我的建议。

掌控感

掌控感对许多人来说很重要。马克·扎克伯格决定牺牲自己的穿衣时间来更好地掌控自己的人生，这很合理，在道德层面上也站得住脚——这意味着他承诺会更努力地工作，在这点上大家无法批评他。针对那些买得起非生活必需品的消费者，我们有许多针对"掌控感"和"简单"的营销策略。

● 对于跟扎克伯格一样不想做决定的人来说，产品要体现"基础"和"必备"的特点。

● 它可以是家庭控制系统，比如安排家庭管理、堆叠容器的应用程序或扫地机器人等。

● 它可以指让人们在财务管理方面获得满足和解脱的金融产品和服务。

焦虑

这是全球性的难题。虽然我们不鼓励焦虑，但是我们很难责怪消费者通过购物来缓解焦虑。从营销角度来说，我们可以提供令人舒适的卖点，但我不是指那种特别明显的手段，比如减压的瑜伽课或者提醒你注意呼吸方法的应用程序，虽然这些都很有用。

● 创造性活动比阅读网络八卦等被动活动能让舒适感更持久。当人们在制作东西时，他们的心情会好转，最后产生一种成就感。所以你需要帮助消费者发现他们的创造潜能。

● 不快乐的人更能从积极和提振精神的活动中获益，比如为社区服务、帮助和鼓励他人以及积极与动物互动。一些伦敦人喜欢到名为"激情"（Verve）的咖啡馆坐坐，因为这家咖啡馆鼓励人们带着宠物狗进店，并提供宠物美容服务和"狗狗旅馆"。一个合法经营的酒吧也能让人们从城市生活压力中解脱出来。

● 购物过程（寻找、选择、购买）本身就容易引发焦虑。所以尽可能让这个过程顺利一些。我将在下一节告诉你如何解决这些问题。

消费需求和消费任务

在零售营销中，消费任务可以探讨的内容很多，消费需求可探讨的内容更多。长期以来，我一直对这些概念持怀疑态度，但是当你正在为一个投入巨大的企业开展项目时，破坏营销的基本概念通常不是一个好主意。然而，世界正在发生变化，消费需求和消费任务固定的、静态的特性已被抛在时代的后面。

消费任务

曾经人们去商店都是拿着一张购物清单去的。在这种情况下，人们购物前会做计划。他们不会走很远的路到超市里闲逛找乐子。他们到那里是为了买食品的——一整周的食品。食品是生存的必需品，所以购物是一种需求。

消费任务一词指的就是这类购物，现在仍存在这种购物方式。零售商可以为这类消费者提供一些帮助，以便他们更好地找到所需商品。逛街，指的是人们为了社交、休闲而在商场闲逛的行为。逛街与带着消费任务购物恰好相反。逛街不需要完成任务，除非你认为社交是一种任务。在现代购物方式中，人们通常会到网上浏览各种内容，然后在一个视频中看到一款看起来很奢华的护手霜，这款护手霜在做捆绑促销，网页上有"马上购买"按钮。你可以点击它，然后看看这个套装里是否有你喜欢的东西，有时可能并没有，因为捆绑的可能是一块香皂，但你并不想要香皂。这是你的消费任务吗？想都不用想就知道这根本算不上消费任务。你需要护手霜吗？其实并不。物超所值？这似乎有些鸡肋，因为里面捆绑的是你不需要的商品，倒不是因为价格偏高。

需求

需求这个词愈发有价值，因为当需求指的是食物和住所等人们离不开的东西时，它是如此重要，以至于很容易为了满足需求而形成消费任务：需求是生存的根本。但是，当需求与欲望被混为一谈时，它的价值（即描述和解释能力）就会降低。欲望不一定会带来消费任务，或者直接行动。欲望可以模糊地在人们的脑海中徘徊数周或数年，它可能导致计划外的冲动消费，或者永远不会被满足，不会对个人造成损失。

现在，我不想成为还原论者，认为需求及现实生存之间存在密不可分的联系。现实比这更有趣。回想一下，符号学其实是现实生活的反映，我们告诉自己关于现实的故事，我们通过自我对话构建和塑造现实。正是因为需求与生存的基本要素有关联，因此我们可以利用"需求"这个强大的"借口"向自己和他人解释自己的购物行为。通过一点点的语言包装，我们可以将自己各种琐碎的小心愿升级到需求的状态来允许自己购物。对于营销人员来说，关键是要透过现象看本质。当我们能了解消费者的意图时，需求会变成一个更有趣和有用的概念，其中包括大量的创意和事后合理化行为。

"只买几件毛衣的计划是如何变成买 21 件衣物的结果的？"

我在这里实时总结了那个周一我的购物情况，因为我希望本章能够结合现实来展开，包括按时段记录购买情况来解释我的购物行为。

从自我构建的需求开始："我需要几件新毛衣来工作。"就像大多数其他所谓的需求一样，这个需求是站不住脚的。我有衣服，我不缺衣服。但在我所有的毛衣中，只有 2 件是在家的，而且它们尺寸合适，因此我经常穿。我最近经常需要进行线上会议，但我胖了、脸色不好，因为居家，穿着也很邋遢，因此，"我在工作中需要它"立即成为我购买新毛衣的正当理由。

我浏览了一些熟悉品牌的网站，才找到我想要的套头毛衣

（羊毛材质、设计简洁、颜色鲜艳）。当我找到心仪的或足够接近我想要的毛衣时，我已经烦透了。之后很长一段时间我都不想再买毛衣了。于是我在购物篮里放了 3 件这款套头毛衣，因为这款套头毛衣一共有 3 种颜色，我每个颜色买了 1 件。

虽然远没完成任务，但我已经开始焦虑。毛衣不合身怎么办？我也是大概判断服装尺寸而已。如果有我不喜欢的地方怎么办？于是我继续浏览该商店的网站，又在我的购物篮里放了 2 件其他款式的衣服作为"保险选项"。这些衣服是亚麻布而不是羊毛的，甚至还有条纹。所以事实证明，我最初的严格标准在买"保险选项"时意义不大。此时我购买的衣物总数为 5。

想想自己每天早上都能找到一件合适的衣服，这是一件多么幸福的事情。然后我想起来自己只剩下 2 条亚麻裤子，而且这 2 条都需要洗一下。因为我已经几乎厌倦了购物，所以我搜索了关键词"亚麻 长裤 女 英国"，登录 H&M 服装网站并非常迅速地购买了 5 条亚麻长裤。这可比我购买套头毛衣时花的时间少多了。此时我购买的衣物总数为 10。

套头衫里面穿什么？那就是 T 恤。和毛衣一样，我喜欢款式简单但颜色鲜艳的 T 恤。我去了亚马逊购物网站，买了 1 包 5 件装的男女皆可穿的鲜果布衣牌 T 恤。这是我第三次购买特定的多件装。我每天都穿这些 T 恤，这是我在现实中最接近马克·扎克伯格的一次购物体验。此时我购买的衣物总数为 15。

逛 H&M 服装网站的时候我开始焦躁不安了。我买了 3 种不同款式的裤子，但我隐约担心尺码不合适，如果没有一条裤子合身怎么办？而且在这个阶段，我开始对花了这么多钱感到有点内疚，所以我去易贝网上以低价抢购了3条轻便棉质工装裤（同一款式，不同颜色）。此时我购买的衣物总数为18。

当天晚上，我和儿子通了电话。我一边和他聊购物，一边浏览网站。在讨论运动鞋时，我偷偷地花了75英镑买了一双新百伦牌运动鞋，尽管我没有出门，没地方可穿，而且我现在对在衣物上花费太多感到非常内疚。我记得在我付钱时，一个清晰的念头在我脑海中闪过——"一不做二不休！"此时我购买的衣物总数为19。

在和儿子聊天的时候，我听他分享了购买男士衬衫的经历，在他上一份工作中，他会在上班途中经过德本汉姆（Debenhams）百货公司的分店，然后会进去看看男装。他用不错的价格买了一件宾舍曼牌衬衫。我不相信他选择的尺码是合适的，而且我对只在自己身上花钱感到不舒服，所以立刻去了宾舍曼网站，挑选了2件我认为尺码合适我儿子的衬衫，下了单寄送到他家。此时我购买的衣物总数为21。

由此可以看出，21件衣物当中只有2件是"必需"的，而且理由还并不充分。其余的衣物都是在怀疑、焦虑、内疚等心理状态的驱使下购买的，或者幻想着在未来合适的场合中穿才买的。

营销建议

我承认，消费任务只是购物过程中非常小的一部分。如果你有一家杂货铺，人们每周会到那里进行一次大采购，那么消费任务这个概念仍然有用。但是，现在很多其他类型的购物是无计划的、随性的，并不附带消费任务。消费任务是一种工作，需要精神集中。当你需要完成消费任务的时候，你就不会随意地购买额外的物品了。

实体店的复苏可能取决于人们思维的转变。如果所有购物都是为了完成消费任务，那么直接选择在亚马逊购物网站上购买就好了。尽管这对亚马逊来说很好，但对于传统商店来说却很不利。但是，如果购物的很大一部分围绕着休闲、社交，甚至幻想进行，那么实体店可以在这方面与网店竞争。如果我们要保留这些实体店，那么它们需要变成为个人和团体提供体验的目的地——这些体验是消费者在线上无法实现的。

如果消费者没有带着消费任务来购物，那么我们营销人员可以停止"破坏消费任务"。当店家希望消费者选择不同的品牌或只是让他们注意到新品时，"破坏消费任务"是他们的常见做法。如果原本这个消费任务就不存在的话，我们就不需要去破坏它，也许能有更好的机会。并且，我认为消费者购买一件东西往往可以引导他们购买另一件东西与之配套。如果购买心仪之物解决了一个问题，那么很可能会产生新的问题，这时营销人员的机会就来了。尝试用购买决策树来代替消费任务的传统概念。消费者完成一次购买后，营销人员通常可以想办法刺激消费者进一步购买"保险产品""附加产品"以及提供帮助消费者找到"真实"尺寸、查看物流详情等减轻焦虑的服务。

我们营销人员不必相信自己推广的每一款商品都能变成消费者想购买的"必需品"。有些东西可能从一开始就是必需品（比如说像主食和肥皂），其他东西可能不是必需品也永远不会成为必需品，比如在海滩上卖的冰激凌。这样的认知更清醒，也只有认识到这点我们才能获利。有一些东西不是必需品，但是消费者为了说服自己购买，会积极地将它提升到必需品的高度——也就是说，"我只是想要"（专业的冰激凌机或新车）——但它们无论出于何种原因，都是无法成为必需品的。应仔细想想如何将愿望升级为需求（例如"我需要它来工作"）并将这些认知转化为营销行为，比如给商店某个区域的系列产品贴上和工作有关的符号标志。

故事的重要性和使用方法

故事，包括告诉自己和分享给他人的故事，在消费中很重要，但在绝大多数市场营销课本中很少被提及，大部分市场营销课本更关注理性思维和经济问题（如消费任务和消费决策）。符号学的独特视角让我们更关注消费者的故事，因为很难有消费者的故事是完全原创的（它们都是重复之前已经讲述过并将再次讲述的故事），因此某一个消费者的故事就是其他消费者的故事。

符号学还要求我们注意需求，比如对新衣服的需求，是由我们告诉自己的故事形成的。它不是科学发现或可测量的东西，但它可以在语言表达的沃土中盛开出多变的花朵。

当我记录自己疯狂的消费举动时（在和我儿子打电话前，几乎完全是我个人私下独自完成消费），我惊奇地发现我可以讲述6个不同的故事，将钱送到各商家手中，让21件衣物被运送给我和我儿子，实际上我们谁都不缺衣物。

我将与你分享一些故事，并在每个故事的结尾提出相应的营销建议。

关于自己的故事

消费者习惯告诉自己"我是什么样的人"，并且以此来解释消费等一切行为。从我编造"我需要新衣服"这个故事开始，我就知道自己会买很多件衣物，并且用我在本章跟大家分享过的故事"催眠"自己继续购买。我感觉自己有点像马克·扎克伯格，当然这么比喻有点自我恭维的意思了。我是一个专业人士。如果"扎克"（如果扎克伯格是我朋友，我会这么称呼他）认为买同一款式的衣服能让他专心工作，那么他会毫不犹豫这样做。

扎克伯格在采访中说自己养成买同款灰色T恤的习惯，其实也是在讲一个故事。我并不是说这不真实，这其实是完全合理的。同时，它也体现了扎克伯格的日常生活方式。扎克伯格以某种方式展示自己，并要求采访人员也接受这样的他。我也做了同样的事情，经常购物却声称自己不喜欢购物，而且还强调购物时我会感到无聊和沮丧。

我们可以从中学到的是，某些人无法从买衣服中获得快乐，这是个人性格使然，就像有人能从购物中获得快乐一样。不想"跟随"时尚的人仍然需要穿衣服，他们仍然根据自己告诉自己的故事来做选择。

营销策略：讲述个人故事的策略并不少见，很多人都会借用这一招来创作一些故事和营销策略，让它们与消费者自己的故事相一致，而不是兜售营销人员想要消费者知道的故事，因为每个人的故事都是独一无二的。

关于关系的故事

我先给自己讲了一个需求的故事，然后才开始疯狂购物。正如我前面所说，我不需要买衣服，因为我有衣服。如果说我故意想引发质疑的话，我就会说，我以为我只有 2 件毛衣是因为我对家里的事情不太了解，因为我太专注于工作，太专注于别人的生活。我仅能在附近找到 2 件毛衣，和我一共只有 2 件毛衣的概念是不一样的。虽然现在我也觉得这个故事有些不那么让人信服，但是这可不是我当时跟自己说的故事。

最初我有疯狂购物念头的原因是，我感觉别人开始觉得我总是穿着同样的衣服参加线上会议。我每天会花很多时间在线上会议上，可能每天达到 6 个小时，每周都会有几次见到同一批人，所以我有点儿恍惚了，认为自己的 2 件毛衣已经多次在镜头前出现。所以我告诉自己，人们已经注意到我总穿同样的衣服，并且没往好处想这件事。我尤其害怕别人会认为我并没有换洗衣服，而且每天都穿着同样的衣服参会。虽然我没有实实在在的证据，但是这个想法实在太强烈了，让我觉得如果继续穿这 2 件毛衣开会，我会非常难受。所以在这个时候，我觉得一定要买几件衣服替换这 2 件毛衣。

营销策略：大部分人都希望别人能对自己有好感。他们希望融入群体并且看起来正常。用这个点子去售卖产品，让人们感觉他们已经达到所在群体认可的标准。

关于相互分享和传播的故事

在某种程度上，本章中的所有故事都是在各文化中通用的故事。这些关于"工作""洗衣"的概念是公开的，它们表达了与文化相关的主题，例如"时间管理"。尽管有这种共性，但有些故事比其他故事更能引起共鸣。虽然我没有听到我遇到的任何人大声地说他们的同事可能认为他们洗衣服的次数不够多，但我确实听到许多同事和商业伙伴讲述了相关的故事。

居家办公让大多数人放松了对仪容仪表的管理。我熟悉的商业伙伴，尤其是女性，抱怨在家里待了 14 个月之后，白发、皱纹全都来找她了，体重也增加了。某人告诉我一个关于她助理的故事。助理在线上会议中哭了起来，因为她想到结束居家办公后不得不回到线下参加商务会议。也就是说，虽然线上会议软件让每个人的脸都被放大了，但它还有一个滤镜功能，可以提亮人的肤色，而且只有上半身可见，可以隐藏变粗的腰身。因为腰身变粗，过去买的衣服也不再合身了。人们为失去曾经迷人的自己而悲伤，害怕别人看到新的自己，这样的故事在商务会议、报纸、互联网上随处可见。

> 营销策略：多看看各种媒体，寻找广为流传的表达需求、问题和强烈情绪的故事。抓住让人们感觉更好的机会。人们不一定想要减肥计划：我们并不想利用他们的焦虑。但他们确实希望有机会让自己感觉更好，所以请多传播快乐。

关于未来的故事

在我确信自己需要一件新毛衣之后，我又幻想了一个完美的早晨。这是我跟自己说的另一个故事。在这个故事中，我正在做上班的准备，手边放着一件完美、剪裁合适的衣服。衣服已经熨好，我穿上它，知道今天自己外表会很好看，甚至连头发都梳得

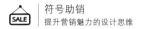
一丝不苟。

我在购物的时候，一直在心里跟自己讲这个故事，这时候距离我买第一件毛衣已经过去挺久了。正是这个故事让我继续购买后面的衣物，比如亚麻长裤。其实刚开始的时候我根本没有考虑要买新裤子。实际上，在快递到了以后（大部分衣物还是合身的），我甚至尝试自己剪头发，结果也不错。这就证明，一个消费行为会引起另一个行为。如果新衣物不好看，也许我就懒得剪头发了。但是因为新衣物穿着挺合身，我对自己的发型开始感到不满意了，于是我尝试自己修剪一下。这促使我买了更多东西。这次在亚马逊购物网站，我买了理发剪刀、染发剂、新梳子和其他称不上必需品的东西。

营销策略：我们营销人员一直知道幻想是营销的重要技巧。但我们却不认为幻想能让消费者购买有的商品。在这个强调不断提升自我、害怕衰老的社会，人们认为能成为更好的自己的幻想是非常有用的。如果说之前你并不知道买衣物还能让消费者买把剪刀，那么现在你应该知道了。

关于过去的故事

当我在网店搜索新衣服时，我认为过去的经历与对未来的幻想一样重要。我并不是说这些回忆都必须是真实的，因为这不重要。所有的记忆，从某种程度上来说，都是被重构的。正是这些被重构的记忆影响了我们的行为。

我之所以说这些是因为过去的负面记忆确实对我的购物行为产生了实际的影响。我之所以不逛亚马逊购物网站是因为我之前在那里买了一件套头衫，结果拆开包装后发现衣服是人造纤维的面料，和商品描述不符，而且衣服领口处无法解开。还有一家英国知名百货公司我也不会光顾，按理说那家百货公司有我想要的那种毛衣，但我曾经在退还鞋子时遭到其客服人员的羞辱，所以我不会选择去那里。类似这样的经历会给消费者留下难以磨灭的印象，让他们终生不会光顾某些店铺。实际上，这两次经历，无法解开的领口和不友好的客服人员，或多或少给我留下了记忆的烙印，让人印象深刻。

过去的正面事件也会影响我们的行为，比如我最后决定在朱尔斯网站购买毛衣，仅仅是因为 2 年前我在那里买了一双令我很满意的长筒靴。

营销策略：这是直接面向消费者提供品牌质量保证的好时机。曾经信任亚马逊购物网站的消费者正在慢慢形成这样一种观点，即亚马逊购物网站实际上并没有生产任何东西，而且几乎没有提供质量保证。随着人们网购次数的增加，提供质量保证是直接面向消费者的商家可以取得成功的一种方式。

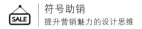

饱含感情的购物之旅

在我结束购物之前，还有一个与他人直接有关的故事，这开始让购物变得有趣起来。我和住在另一个城市的儿子打电话。对于距离不近的一家人来说，电话沟通很重要，但聊天的主题并不那么重要。打电话的目的是联络感情、表达关怀和分享经历。我们在电话中分享了对不同款式和品牌的运动鞋的看法。他跟我分享了在德本汉姆百货公司购物的经历。我跟他说我曾经在上班途中经过盖璞（Gap）的分店，我经常在那里买衣服，但是它美中不足的是营业时间不够早。就是这次对话，让我又买了2件男士衬衫给我儿子，不过那是令他很满意的衬衫。

我之所以与大家分享如此私密的家庭细节，是因为我在写本书时想起一件事，大家可能已经忘记购物其实可以增进亲密关系。我印象最好的一次购物体验是在纽约州的甘特（Gantt），那还是和我儿子一起逛街。店家认为我会买很多东西，于是在我刚到商店时就把我当成了贵宾（VIP），给我准备了舒服的椅子和一杯酒。当然也是我儿子陪着我逛街试衣服，这种体验让我们改善了母子关系，这也是实体店比网店更有优势的地方。

营销策略：购物可以算是一种社会活动，当人们团聚时它会有新的职责使命。

本章更多涉及了我的个人体会，我觉得本书需要这些内容，因为我在做写作之前的准备工作时看了很多零售营销的书,但发现它们都缺乏人文关怀和情感表达。我与大家分享关于焦虑、疑惑、爱与其他情感的故事,是因为它们是购物的核心,现在是,过去是,未来也会是。购物在抚慰人心、维护人际关系方面有重要作用。正因如此,所有的零售商都应该在营销时传递希望。

下一章中,我们会看一看人们是如何从购物中获得快乐的。这也是现在大多的市场营销课本所忽视的内容。

第六章
消费与身份

本章内容能帮助你

本章是关于社会变革和消费者文化内容的最后一章，本章与个人身份有关。

消费者喜欢用消费行为来表达个人身份和信仰。各品牌和商家应了解这种行为，符号学能给你带来新的观点。

你在本章还可以看到有关多元化和包容性的内容。许多商家都知道它们的重要性，却不知道该如何应用它们，特别是在营销方面的应用。本章讨论的另一主题就是炫耀性消费——展示个人财富以及物品与品牌选择的行为。

阅读本章后,你将能够:

● 帮助那些乍一看并不理性或被歧视的消费者找到他们的情感回报。

● 更具包容性,并随着多样性和包容性理论的发展,能更好地预测未来。

● 为有强烈购买欲的消费者提供更令其满意的购物体验。

游戏驿站公司(Game Stop)和"华尔街押注"网络讨论小组的故事

2021 年伊始,股票市场发生了一系列特别的事件,都与游戏驿站公司有关。该企业的总部位于得克萨斯州,它之前是一家非常成功的企业,但后来每况愈下。这家企业的主营业务是出售电子游戏光盘(现在大部分为网络版本)和游戏硬件(越来越多消费者也选择在网上购买)。企业的业绩一直下滑,当然商业街和百货商场里的零售店也是如此。曾经有人说游戏驿站公司会大获成功,因为它的业务是出租家用录影带和光盘。但是现在这种模式已经被奈飞、葫芦网(Hulu)和亚马逊等的流媒体点播服务取代了。对冲基金也开始看空游戏驿站公司的股票,他们认为该企业业绩会下滑。可以说这家企业的命运已经注定,或者说大概就

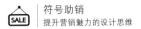
是这样了吧。①

突然发生了意料之外的事情。2021 年 1 月底，游戏驿站公司的股价突然毫无征兆地大幅飙升。图 6-1 是我从谷歌财经网页中找到的图。

图 6-1　2021 年 1 月底游戏驿站公司的股价突然飙升

该图绘制了 6 个月期间该企业的股票走势。你无须成为金融分析师也可看出，1 月底发生了非常不寻常的事情，当天股价最

---

① 维基百科词条《游戏驿站公司轧空头》（*GameStop Short Squeeze*）上有该事件的详细描述，故事很有启发性。你可能还对 2021 年 6 月 22 日《金融时报》(*Financial Times*) 上的一篇名为《做空游戏驿站公司的对冲基金倒闭》(*Hedge Fund that Bet Against GameStop Shuts Down*) 的报道感兴趣。

高达到每股 483 美元。从图的右侧可以看出，在似乎触底之后，股价在 3 月初再次上涨。我无法知道该企业股价的走向，但我们可以知道一定发生了一些特别的事情。

大部分人都认为至少 1 月底的这 2 次股价高点是因为散户——主要是短线投资者共同发力购买游戏驿站公司的股票，从而推高了股价。这些散户齐聚在一个火爆的社交平台红迪论坛上名为"华尔街押注"的网络讨论小组里。因此我决定到那里探个究竟。

我加入了"华尔街押注"网络讨论小组，刚开始只是偷偷观察，后来我也大方地买了 2 股游戏驿站公司的股票，因为当你有切身利益时才能更好地理解其中的门道。我来得很及时，刚好看到该网络讨论小组的成员人数在 6 天左右的时间里从 200 万增加到 950 万。该网络讨论小组里一片欢欣鼓舞，处处充满喜悦之情，大家内心的兴奋溢于言表。我在这里选取了部分 1 月第一次股票大涨时该网络讨论小组里的留言。

- 我像打了鸡血一样。
- 我从来没有这么兴奋过。
- 这是我有史以来最快乐的时刻。
- 这是我见过最令人激动的时刻。

最后这里是红迪论坛某用户在该网络讨论小组的留言，我引述了他的全文，因为你能从中感受到，当股价不断攀升时在该网络讨论小组里的那种欣喜若狂的氛围。

这是能量。现在这里有真正的、实实在在的能量。

互联网上充满了可能性和纯粹、不受阻碍的创造力。

我们没有严格的分组、压制性的服务条款或平台身份限制我们的行为。我们并没有因为错误信息而分裂，所以我们只是做了让我们当时开心的事情。我们作为一群"网虫"，在我们自己的小范围内联合起来，其他人也不想加入我们。我们可以将想要的任何东西变为现实，登录你最喜欢的网站就像是跳入充满无限可能的池子里。

我虽然是新来的，但我看到"华尔街押注"网络讨论小组在过去2周的联合已经完全抓住了这种精神，那就是一群"网虫"在线上团结起来真的可以做出特别的事情，而这不仅是互联网的核心，更是人类精神的核心。这就是你现在感受到的能量。

这是原始的无限可能，而且看起来很美。

每个人的运作都是神速。愿我们都不会忘记这些日子。

这位用户虽然是该网络讨论小组的一个新成员，却生动形象地描述了欢乐、爱、友谊、创造力、自豪和对未来的信念等。至少在2021年1月的2周内，几乎所有"华尔街押注"网络讨论小组的活跃成员都沉醉在这种快乐之中。

从这位用户的帖子中的那个极其重要的"现实世界"的角度来看,这群散户不仅行为不理智,而且无知。每天,"华尔街押注"网络讨论小组都挤满了新的帖子,已经投资了1周的人向新来的人传授经验。作为一个群体,他们(以及在某时刻的我们)集体对一个似乎注定会破灭的泡沫进行了巨额投资,并做好了赔钱的准备。我从来没有见过人们对赔钱的买卖感到如此高兴,而且我认为我从来没有见过有人和这群人一样,在明知自己的利益会受损后仍然下定决心坚持购买。虽然让消费者的利益受损是不可取的,不过,作为品牌商、零售商和营销人员,我们当中有谁不想让消费者有接近这种程度的热情?

如何从符号学角度来解读游戏驿站公司股价暴涨现象

游戏驿站公司股价在2021年1月暴涨之后,财经杂志和主流媒体试图解释这一现象,但有些困难。绝大部分人认为这是一个警示故事,并预言股价泡沫一定会破灭。人们被警告,这不是投资应有的方式,应该在进行尽职调查并好好研究后再投资。舆论普遍以为你应该有一个投资策略和退出计划,你至少应该知道什么是退出计划,你应该采取一切合理措施避免破产。他们说:"将有很多人失去所有的钱,这非常令人担忧。"他们没有错,当你面对极度非理性的行为时,严格的经济或理性分析可能让你走偏。

事实上,当我仔细研究这个现象时,发现"华尔街押注"网络讨论小组渴望获得物质收益（很多人都在谈论让股价"涨到天上去"），却没有表现出对物质损失的恐惧。投资亏损并不意味着输掉比赛，这是商业和财经记者很难认同的观点。更重要的是，除了这种随意的、混沌中立（认为任何结果都是好的结果）的投资方法，该网络讨论小组还陶醉于它的非理性和对金融缺乏真正的理解之中。事实上，这在当时，是独特销售主张理论的重要部分。这就是该网络讨论小组为自己塑造的文化。

这就是上文提到的某用户的大段发言直观描述的现实，在那里，有创意的人类精神在有无限潜力的空间中得到了纯粹的、不被压抑的表达。尽管仓促，但"华尔街押注"网络讨论小组构建的活力四射且看似奇幻的现实是如此真实，以至于它已经延伸到影响每个人的环境当中。在这个环境里有银行、对冲基金和连锁零售店，大家都会面对不确定的未来和突如其来的好运气。

符号学是一种思维方式和一种研究实践，它研究的是在消费者所居住的环境中，如何运用可用的文化资源来构建某一版本的现实。让我强调一下关于这个故事的几个符号学结论，然后我将为品牌和零售商提供一些营销建议。

感觉比事实更重要

这是当代西方文化普遍关注的一个方面，反过来又对全球消费文化做出了贡献,并最终影响了国际关系。简而言之,2021年1月游戏驿站公司股价暴涨事件让"华尔街押注"网络讨论小组的投资者感觉自己了不起,当然人们也须为此付出代价。该网络讨论小组发现,自己建立的"现实"与银行和对冲基金所在的强大但难以理解的"现实"相冲突。这个故事的寓意是,现实是灵活的且有许多版本的。围绕现实的激烈斗争正在我们周围上演,并将持续到未来。生活很艰难,冲突可能会给人们带来压力。但对营销人员来说,好消息是人们会想办法找到快乐并创造快乐。

企业认为的现实可能与消费者认为的现实不太一致

我不只是说,消费者有时会产生有趣的想法和展示怪异的行为,所以你应该做一些市场调查。我也不仅是想表达,消费者误解了你的产品和商业模式,将其他品牌误认为是你的品牌。更重要的是,企业眼中的现实以及在营销行业中持续存在的非常具体的现实,与消费者眼中的现实的版本一样都是被"虚构"的。接近消费者可能意味着要摒弃很多我们自认为有效的营销知识。解决这个问题的关键是学会灵活思考,而符号学当然也鼓励大家培养这种能力。

营销建议

当消费者热情高涨时，加大你的投入，让消费者保持热情。

如果你在消费者热情最高涨时让他们暂停，他们会认为这是一种差劲的背叛行为，比长时间未能有良好的表现还要糟糕。这就是为什么"华尔街押注"网络讨论小组的投资者能容忍游戏驿站公司的股价此前不尽如人意的表现。但是他们被本故事中的另一个商家罗宾汉（Robinhood）激怒了。罗宾汉为美国股民提供买卖股票的应用程序。罗宾汉曾在某只股票疯涨时停止用户交易。由于用户在准备大获全胜时被暂停股票交易，许多股民涌进了应用程序论坛里并给了该应用程序一星差评。

人们喜欢交新朋友，团结起来创造

红迪论坛是社交媒体平台，"华尔街押注"网络论坛小组就是其中的一个讨论小组。红迪论坛声称有超过 4.3 亿的月活跃用户，而且数量还在不断增加。如果红迪论坛需要更高的品牌知名度，那么游戏驿站公司股价暴涨这件事已经让它声名鹊起了。这并不是说如果你是杂货店的老板，你需要改变方向，转而创办一家科技企业，而是建议你寻找消费者正在尝试的东西并帮助他们创建它。你的社区发生了什么？也许消费者正在为能更好地养育孩子、制作艺术品或庆祝对他们来说很重要的日子而团结起来。找到融入他们的方式，帮助他们。给他们找一个空间，比如开个俱乐部，帮助他们找到彼此。

多元化与包容性

在与我合作的众多企业中——零售商、品牌商、广告企业、市场研究机构等，大部分都担心自己的产品不够包容、多元，他们知道这是时下的热门话题。他们也知道，消费者会盯着他们，他们一旦做错事情就会被"踢出局"（对于许多企业来说，这可能是一个相当偶然的事件）。他们不太确定多元化和包容性之间的区别，对此也并不是很上心，而且偶尔想认真对待的时候反而会适得其反。虽然我并不想给读者灌输太多的理论，但是请允许我在此介绍一个词语"商品种族主义"，也许你并没有听说过这个词语。了解这个理论可以让品牌避免犯一些错误，而且适用范围不仅仅局限于种族领域，也可延伸到其他领域。

简单来说，商家总认为少数族裔想要在商品中占有一席之地，原因是许多广告和营销策略习惯性地忽略那些非金发、皮肤不白皙或者不符合全球消费文化审美标准的人。因此，商家简单地认为只要在广告中加入少数族裔元素便万事大吉了。有时某些商家甚至走得更偏，通过招聘少数族裔员工来提高企业员工的多元化。简单地增加少数族裔人员，这就是他们认为的"多元化"的体现。

这个问题也体现在商品种族主义中。它在学术文献中有很多很好的解释；一篇是苏珊·威利斯（Susan Willis）的文章《我想要黑人：美国黑人文化在商品文化中占有一席之地吗？》（*I Want the Black One: Is There a Place for Afro-American Culture in Commodity Culture?*）；安妮·麦克林托克（Anne McClintock）（1995）也是这种思想学派的权威人物，但本书会更多引用威利斯的观点，因为她的观点更多涉及消费领域的内容。

威利斯说，黑人消费者的问题不在于没有在商店里找到他们的文化，而是遇到她称为复制品的"黑娃娃"。试想一下，某系列玩具娃娃的外表特征是白人的，然后为了增加多元化，商家在这个系列中加了一两个同款式的娃娃，但是肤色变为黑色，且有黑头发。实际上你还没有真正创造出多款式的娃娃，充其量只是创造了一个晒黑的白人娃娃，更糟糕的是你创造了一个复制人。这并不能让少数族裔有融入感，反而使他们意识到白人文化和白人资本主义根本不把少数族裔放在眼里。

举一个例子。流行音乐家凯蒂·佩里（Katy Perry）成立了自己的时尚品牌凯蒂·佩里时装系列（Katy Perry Collections）。2019年，天空新闻（Sky News）报道称，在消费者投诉后，该品牌某系列中的2双款式相近的鞋不得不被下架，一款是米色，另一款是黑色。2双鞋的设计都具有人类特征，有蓝眼睛和红嘴唇。据当时报道称，消费者投诉是因为他们认为这双鞋有种族歧视倾向。凯蒂·佩里时装系列是美国品牌。美国的少数族裔追求着自己的物质、经济等方面的权利。

我知道这是一个特殊的案例，所以让我们来谈谈包容性与多元化有何不同。如果说多元化的问题在于它经常让人们感到疏远和排斥，那么包容性会让人们感到有归属感。多元化意味着你要确保杂货铺备有大袋和小袋包装的大米，因为你应该知道少数族裔消费者家里人口更多，需要的米更多。包容性还意味着你要将大袋米与其他包装的大米放在一起，而不是让消费者走到"少数族裔通道"去购买大袋米。①

如果从包容性的角度考虑，凯蒂·佩里时装系列应该与少数族裔设计师合作，并为弱势群体提供一个平台。但是该品牌已经错失了这个帮助他人的机会。时尚零售商急买网做得很好，其"共谋"系列目标客户群体是 Z 世代 ② 消费者。该系列由年轻消费者与创意人员一同设计开发。当设计团队里有目标消费群体时，设计出来的衣服既不挑性别、不挑身材且环保，很符合 Z 世代不看重肤浅外表的价值观。

符号学如何让我们对多元化与包容性产生新的见解

至少在品牌和营销领域，符号学由 2 个关键点构成：

①　感谢萨佳·阿里（Shazia Ali）的观点。

②　通常是指 1995—2009 年出生的一代人。——编者注

- 注意符号标志并弄清楚它们的含义；
- 找出这些含义与社会或文化变革的关联。

符号学知识可以帮助凯蒂·佩里时装系列品牌避免发生类似错误。即使没有画上人脸，米色和黑色的 2 双鞋也是符号标志。（想想缎面高跟鞋与钢头鞋的不同含义）但在鞋上画上人脸才是该品牌真正的转折点。人们把鞋子的颜色与肤色联系起来，因此对它有强烈的意见。该品牌误入了需要格外小心的领域。如果在设计阶段能运用一点符号学知识，就可以预判和避免这些小问题发展成为公共危机。

我们需要符号学的另一个原因是文化变化速度很快。随着文化的变化发展，符号学可以指出某些品牌的宣传是否合时宜。和许多英国人一样，我在纸奇思文具店（Paperchase）买过无数次文具。该企业于 1968 年在英国成立，在全球都有分店。纸奇思文具店的产品包括精美笔记本、中性笔和许多介于"家庭和办公用品"和"礼品"之间的物品，这些精美的商品使其成为一个受欢迎的"自我疗愈之地"。该企业与众多零售商一样，受到新冠疫情的沉重打击，有些门店已经闭店了。因为纸奇思文具店的口碑良好，大多数人都希望它能够存活下去。

营销策略:

● 防止出现商品种族主义。

● 与少数族裔一起做设计和营销工作,而不是为他们而做,由此加强包容性。如果你的目标消费者群是特定群体,比如某个民族、某个性别、某年龄层等,请不要停留在市场研究上,邀请他们一起加入创作,为消费者提供更好的产品和购物体验。

● 记得建立一支多元化的员工队伍,确保他们不被排斥,这是实现你的包容性承诺的方法。重点是确保他们不被排斥。要在每个层级设置各种背景的员工,确保他们融入集体,多倾听他们的声音。

● 在摆放商品时要意识到消费者做自己"没问题"。不管是哪一个少数群体中的人,确保你的商店欢迎他们的光临。不要把大码衣服藏在仓库,把大包装的大米放在特殊区域。人们只是想过平常的生活,买到自己想要的商品而已。

◎看看这些图像、词语是否传达了你想表达的意思。

◎思考一下:有没有某则新闻提示你,虽然之前使用某个符号是有效的,但是现在已经不合时宜了。

炫耀性消费

我在 Instagram 上最喜欢的一张照片是由我认识的某个朋友发布的，他之前是学生，偶尔接一些兼职工作。这个年轻人 20 多岁，擅长个人品牌塑造。他很上镜，经常能抓住合适的机会拍照。他的 Instagram 账号中放了一系列精心拍摄的照片，都是他为高档品牌当模特的照片，拍摄地点通常会选择高档酒吧、餐馆以及历史建筑等迷人的地方，但我最喜欢的是他穿着古驰（Gucci）品牌的衣服坐在超市地板上的照片。

让我明确一点，我说的"超市"，不是指福特纳姆与玛森百货公司或哈罗德百货公司（Harrods）等历史悠久的奢华百货公司。我指的是维特罗斯超市（Waitrose）。维特罗斯超市是英国的高端连锁超市，这家超市有网格状过道、钢铁货架、成排的垃圾箱、洗衣粉和随处可见的宠物食品罐头。虽然这是一家风格时尚的超市，但它毕竟只是超市。为什么我的朋友愿意穿着昂贵的衣服坐在地板上拍照呢？

恰巧维特罗斯超市最近翻新了它的葡萄酒和烈酒区，整个超市只有厨具区（有陶瓷制品、小工具）才能在销售额方面与之匹敌。这里将钢制货架改为木货架，灯光调节得更为柔和，并用聚光灯来代替均匀的眩光。酒瓶立刻变得好看了，整体上看起来像一个酒窖。事实上，它甚至比一些真正的酒窖更有吸引力，因为那些酒窖中经常使用钢架。这些符号的综合运用（酒瓶、木货架、精心设计的照明）足以创造一个绝佳的拍照场景，让我的朋友心甘情愿穿着他的名牌服装坐到地板上,巧妙地摆着拍照姿势,仿佛这个"酒窖"就是他自己的。照片随即被他放到了Instagram 上,作为系列作品的一部分。经常使用 Instagram 的用户会告诉你,保持这样的活跃度需要做很多工作,而且必须时刻保持敏感,才能有机会寻找到好的创作灵感。

并非每个消费者都可以成为内容创作者,只有少数人能买得起昂贵的名牌服装,从头到脚"武装"自己。但大多数人都会是社交媒体用户,很难抗拒社交媒体的"你要经常发布迷人照片"的隐晦要求。当然这样做可以得到很多奖励,比如通过收到"点赞"和"评论"获得认可,得到工作机会,获得品牌的免费礼物。的确,如果你还年轻,需要一份工作,可能保持曝光度非常重要。形象好并不代表虚荣,这是年轻一代塑造个人品牌的一部分,也是消费者走上理想职业道路过程中可接受的代价。

在那些喜欢购买上镜商品的消费者中,女性占很大比例。在简·坎宁安(Jane Cunningham)和菲利帕·罗伯茨(Philippa Roberts)合著的书《品牌展示》(*Brandsplaining*)中,她们耐心地建议品牌在营销传播中尽量不要那么居高临下,同时也承认,事实上,女性消费者确实喜欢营销人员了解她们会青睐的产品类别。

大多数女性喜欢家居、美容和时尚产品等(80% 的女性的主要乐趣来源是美容和时尚),它们并非"微不足道"或不重要,而是大量兴趣和满足感的来源。它们是令人愉快的、惹人喜爱的、有趣的、非常有创意的。

同样，这不只是虚荣，即使它第一眼看上去像虚荣。就像年轻的求职者一样，这些女性正在做一种工作。她们通过让世界看起来更美丽来表达对自己和爱人的关爱。同时她们也在展示成功：经济成功（如有可自由支配的收入），及理解并融入大环境中的个人。

符号分析：现实与现实再现

众所周知，现实生活与你在脸书和 Instagram 上见到的生活不完全一样。我们接受这个事实，即这是现实的再现，而非简单的、不加修饰的现实本身。确实，大家已经对此达成广泛共识，不管是业余还是专业的内容创作者，也以此来成功地加深了与读者和粉丝的联系。所以，一个时尚网红会告诉大家他正在超市（如果不是，就可能是酒窖），并鼓励粉丝和他一起就这个滑稽的场景大笑。因为新冠疫情而被迫居家办公的人会化好妆后再参加线上会议，并开心地发帖子告诉大家，为了开会，他不得不把家里的狗和小孩赶到镜头外。虽然大家都知道社交媒体照片呈现出来的日常生活是经过高度美化的，并不是完全真实的，但这并不影响它继续存在，而且粉丝会继续买账。

考虑到社会需求，社会学家倾向于认为这种乐于展示自我的行为（例如自拍，制作视频，在抖音、Instagram、YouTube 或脸书上展示自己和自己的家）是随大溜的体现。如果我们想要证据支持这一理论[①]，只需要看看"改头换面"的电视节目即可。在自我管理或自我形象展示方面"失败"的人，在镜头前，通过专家的妙手挽回（或无法挽回）自己的形象。比如：

●《超大号与超小号》(*Supersize vs Superskinny*)和《超级减肥王》(*The Biggest Loser*)节目中，超级肥胖或体重过轻者试图调整他们的饮食，并获得一定的表扬。

●《超乱房间》(*Hot Mess House*)和《房屋整理专家》(*Get Organized with the Home Edit*)是关于清扫房间和整理物品给人带来心灵抚慰的节目。

●《沉重人生》(*My 600lb Life*)和《囤积癖》(*Hoarders*)与其说是"改头换面"的节目，不如说是当非主流事件不加以控制时会发生什么的警示故事。

营销人员可能会从不同的角度来看待这些电视节目。正如坎宁安和罗伯茨在《品牌展示》一书中指出的那样，人们很享受打造亦真亦假的现实，并愿意投入他人的设定中。很多人有幸发

---

① 参见塔尼亚·路易斯（Tania Lewis）、贝弗·斯卡格斯（Bev Skeggs）和海伦·伍德（Helen Wood）等社会学家的著作。

现，他们的品位和选择是他们所处的文化所允许的。所以如果你有一台不错的手机、一些业余时间和一点可支配收入，那么你打造人设的花费不会太高。你可以用新奇的蜡烛和花盆、一盘纸杯蛋糕、精美的待办事项清单、艺术家的画架或几个循环利用的梅森罐①就能创作出一篇令人满意的帖子。你不需要展示在健身房里练的胸肌或在迪拜、马拉喀什（Marrakech）拍摄的假日照片——它们的帮助并不大。

事实是，消费者喜欢打造的"现实"，不需要完全是客观真实的。实际上，让·鲍德里亚（Jean Baudrillard），一位为符号学发展做出巨大贡献的思想家，给出了一个符号学的提示："我看到的东西是模仿别人的吗？"这不是抱怨或对自然的诉求；它更像是一种观察结论：很多东西都是模仿的，而且如果有原始对象作为参照的话，比起原始对象，人们通常更喜欢模仿后的东西。他们更喜欢精心养护的公园和高尔夫球场，而不是未驯服的荒野；他们更喜欢迪士尼的灰姑娘城堡，而不是历史悠久的老城堡；他们更喜欢人造酒窖，而不是真正的酒窖，或者看起来像超市的超市。

告诉消费者如何进行自我展望

当人们看到你的产品时，他们会设想，一旦购买你的产品或

---

① 一种可以用来储存食物的密封容器，由于其清新的外表、丰富的尺寸和极强的可塑性，也衍生出了很多新用途。——编者注

服务，这些东西就可以融入他们的生活。他们可以看到自己烤蛋糕、穿运动服、在新笔记本电脑上玩游戏、看睡在新床上的猫，并用他们梦想中的那件公主裙或超级英雄服装给孩子带来惊喜。当人们有这些愿景时，他们会想象，如果生活中不仅是无穷无尽的工作、家务和杂活，他们的生活会是什么样子。他们的这些设想也非常有画面感。数字文化中有这样一句话："有图有真相。"可以看出，这些设想，这些创造性消费主义的小举动和照片是多么的重要。它让你知道你在这里，你的生活在继续，你的生活中也有美好的时刻，每一刻都特别美好，这些时刻更显得弥足珍贵。

使用网店或实体零售空间向人们展示如何设想自己和未来的照片。是的，我们在商店里总能看到一些"生活方式"的照片，但网络图库里的照片很容易过时，而且往往不能给人带来温暖。相比之下，当代人拍摄的照片通常更符合潮流，并且允许微小的瑕疵存在，这有助于消费者更好地想象产品在他们自己的生活中会是怎样的。凡图（Unsplash）图库是一个很好的资源。当然如果想针对特定市场，与当地艺术家合作也是一个好主意。

人们喜欢收藏品、组合产品和各种颜色

这些是零售营销人员的拿手好戏。文具商通常都很擅长使用社交媒体，知道如何在充满蓝色、粉红色或日落橙色的照片中展示各种不同的商品。在实体店的商品销售中我们还可以多下些功

夫，比如家居用品的销售。重点不是消费者想要一个深蓝色的厨房，而是展示出来的深蓝色本身就给人一种感官刺激，让你想为它拍照，就像拥有一片彩虹。消费者想要的不是整个厨房，而是厨房中的那个牛奶罐，购买这个牛奶罐意味着消费者可以将其中的一小部分带回家，但这个牛奶罐需要有一定的美感才能成为他们愿景的一部分。

年轻消费者对独特、具有变革意义或揭示传统外表下意想不到的真相的事物感兴趣

标题中看似与众不同的观点与千禧一代①和Z世代的内在体验有关。他们知道自己与前几代人不同（庆幸的是，大部分年轻人都认识到这一点）。年轻人是非常有个性的。年长的人有时会将此误认为是"雪花综合征"②，但事实上，个人主义现在是如此强大，以至于你必须要弄清楚你与其他人的不同之处在哪里，并且需要为此付出极大的努力。让人们知道他们原本的样子就是最特别和珍贵的，这可以使人减轻一些压力。

变革和揭示意想不到的真相使社会中的个人努力打造自我。如果对可实现的目标有严格限制，那么将所有这些精力花在打造个人品牌和塑造自我上的回报在哪里？如果一个人的个性或

---

① 是指出生于20世纪，在跨入21世纪以后达到成年年龄的一代人。——编者注
② "雪花综合征"是一个具有贬义的说法，多用来指代那些自以为与众不同、应享受特殊待遇的人。——译者注

自我塑造受到限制，那么除了交朋友和满足找到工作所需的最低要求，尝试合作的意义何在？年青一代已经准备好迎接正在进行中的、不断自我创造的挑战。正因如此，他们对能够实现变革和揭示易改变、可协商的现实和道理的产品和服务感兴趣。

可通过以下方式引起这些消费者的注意：

● 邀请他们创作自己的个性化定制产品。我在本书后面的章节中谈到了个性化和定制，在这里只是提醒读者，人们喜欢拥有独特的东西。熊宝宝工作坊（Build-A-Bear Workshop）的模式有点与此类似。作家兼演员菲丽西亚·戴（Felicia Day）向我们描述了制作穿芭蕾舞服的圣诞老人娃娃的乐趣，显然这是没法在普通商店中买到的，而且一般消费者不会拥有的娃娃。

● 在店内或店外提供完全不同的体验。不论是什么年龄或性别，许多人都想主宰自己的命运，穿越时空去尝试不同的职业。我们要非常小心地避免商品种族主义，我们可以通过肯定消费者，鼓励他们可以成为任何他们想成为的人，来吸引他们。

● 揭示隐藏的真相。这可以很简单，就像我桌子上的橡皮擦，一开始是一个长方体，随着外缘的磨损逐渐变成雪山的形状。你可能看到一个又大又多汁的汉堡，却发现它是素食汉堡。它可能是一些违反常理的东西，例如在通常喝热水的国家也有冷泡茶。又或者它可能是概念性的东西，比如著名的多芬"真美行

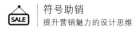
动"——大众女性被认为比专业模特更美丽。

　　在接下来的第三部分中，我们将踏上激动人心的未来之旅，应该可以帮助你找到更多营销方法。

PART 3

第三部分
符号学与营销中的"未来"

第七章
商业的未来

本章内容能帮助你

科技创新推动世界快速变化。我此前讨论的内容，比如欲望，从头到尾都与消费者有关，而且受商家和营销影响。但是第三部分，我会重点谈谈零售和购物、技术和未来等方面。这些方面通常由企业引起或控制，因为企业拥有大部分个人所无法拥有的资金和技术。在本章，我们会一探究竟，解密企业的演变。

阅读完本章后，你将能够：

- 创造机会来推广你的产品及业务，让这些产品和业务不仅能为企业赢利，更能一直为你的企业客户提供竞争力。

● 即便大数据让消费者变成了迷宫里的小老鼠，营销人员仍不断向消费者保证他们是独一无二的，这是时下流行的一种方法。你将能找到另一种方法替代它。

● 列出一系列不同的方法来帮助消费者，让他们感到自己在塑造现实方面有一定的控制权和参与度。

● 以中国"双十一"购物狂欢节为例，找出其成功的因素，并将其应用到自己的业务中。

● 设计出更好、更令人满意、更具吸引力的消费者忠诚度计划。

● 认可并支持创造性工作和娱乐——这些是由技术驱动的未来中最吸引人的方面，也是消费者最期待的部分。

行为期货市场

简介

"行为期货市场"描述的是一种新兴的技术驱动型经济模式。在这种经济模式中，人们不是通过向他人出售商品，而是通过出售对人们行为的可靠预测或将人们的行为数据本身出售给个人或组织来赚钱。

消费者并不总能察觉到行为期货市场的存在，但他们肯定已经开始有所意识。他们可能并不曾读过哈佛商学院教授肖莎娜·祖博夫（Shoshanna Zuboff）的书，但许多人已经看到了对该市场的其他描述，例如奈飞的纪录片《社交困境》（*Social Dilemma*），它阐述了算法是如何操纵人类的行为和情绪的，令人毛骨悚然。

不管怎样，有一点是很明确的，那就是行为期货市场由企业控制，而不是由消费者控制。这让很多人感到焦虑和无力。与此同时，当消费者觉得自己被允许用技术"驱动"时，他们会对技术产生兴趣。

深入剖析

甚至在行为期货出现之前，赫伯·索伦森等零售专家就表示，对于大型零售商来说，零售销售利润率仅在利润来源表中排名第四位左右。索伦森列出的主要利润来源是：第一位是返还款、促销津贴和进场费；第二位是备用金产生的利息；第三位是可以廉价购买并在之后出售的房产；第四位是销售利润率，主要来源于熟食柜台和店内药房等服务部门。

然而零售业已经发生了巨大变化。今天，世界上最大的零售商不再是纯粹的零售企业，而是像亚马逊和阿里巴巴这样恰好拥有零售部门的科技企业。在数字时代之前，零售商使用销售数据和他们对当地社区的了解来囤积最畅销的商品，他们依靠的是猜测、希望和直觉以及销售数据本身。但由于亚马逊这样的组织有惊人的能力，它们能进入人们的生活并收集他们的数据。

但所有这一切都让消费者感到担忧。数据分析能准确预测人们的行为，从这个意义上来说，它是"有效"的，行为期货市场也能因此赚钱，但它让消费者感到不安、不被信任，并且担心他们的隐私被侵犯。人们喜欢技术带来的好处，但当好处看起来是片面的，并且当他们不确定交易的另一端是谁在受益时会变得恐惧不安。

符号学的独特视角

如果你对学术心理学有所了解，或者读过行为期货市场的相关内容，你可能已经注意到我们所看到的是一种行为主义的体现。行为主义在20世纪40年代开始流行，是心理学中的一个流派，围绕刺激和反应展开。如果你了解美国心理学家伯尔赫斯·弗雷德里克·斯金纳（Burrhus Frederic Skinner）的实验，你一定听说过这个概念。斯金纳发现老鼠、鸽子和狗可以通过训练来表现出某些行为（例如压杠杆），当完成动作后也能得到惯性奖励。我们甚至可以通过训练它们在受到刺激后做出无意识行为，例如听到铃声等提示会流口水，而且铃声之后通常还伴随着奖励。

行为主义的关键在于，我们所谓的意识并不是系统运行必需的。有机体（老鼠、鸽子、狗或网购者）没有必要思考或拥有任何自由意志。有机体，或者说刺激（铃铛、亚马逊上的赞助广告）和行为反应（分泌唾液、按压杠杆、点击链接）之间的"东西"是一个黑箱。我们不知道那里发生了什么，这并不重要，只要刺激和反应能可靠地联系起来就行。消费者通常高度重视自己的自由意志，当他们察觉到强大的外部系统压倒他们的意志时，他们会感到不安。

当这些系统的某些用户（例如某些品牌和零售商）为了避免让消费者感到不安时，他们通常会通过借鉴自由人文主义来做出回应。也就是说，他们使用消费者可能会认可的想法向消费者保证，告诉消费者"你们是独特的"。数据驱动的精准定位被重新包装为"个性化"——有什么比量身定制的服务更好呢？他们通过进一步邀请消费者撰写评论、创建愿望清单、填写个人资料，以及进行其他经济、实用的活动来换取奖励或获得奖励的机会，生成更多数据。这一切至少能让消费者感觉自己的个性和自由意志得到尊重。这种方法很有效，而且非常成功。我不会对你说不要使用它，我甚至认为这是一个好方法，因为这个方法的初衷就是让消费者真正地、实实在在地从中受益。但是，这不是一种新方法。你的竞争对手可能已经在这样做了。

符号学使用了完全不同的方法。它既不认为消费者是机器，也不在意他们是不是神秘而独特的有机体，而是想知道在文化和集体层面，现实是如何被构建的。当人们聚集在一起时，他们会通过共享交流来积极地创建各种版本的现实。有文化的地方就能找到结果：比如在组织中，在当地社区和有关健康理念等的特殊利益群体中。这对我们有什么启发？这意味着企业不该仅限于向消费者保证"你们是独一无二的"，而是激发他们产生这种想法：我们想要塑造现实，而不是被现实所塑造。

营销建议

任何规模的商店或品牌都可以在其产品中给消费者提供参与塑造现实的机会，下面的 4 个具体策略是面向未来的，需要在技术的支持下使用。以下是可以通过巧妙的营销传播或品牌体验来向消费者提供的一些东西，这些东西与数字时代中最受人们欢迎的一些方面有关。为消费者提供以下机会吧：

（1）塑造现实。让人们有机会对商店管理、空间使用以及商店支持的慈善机构有所影响。维特罗斯超市会在销售点分发绿色塑料代币，代表维特罗斯超市将捐赠给慈善机构的资金。消费者可以通过将代币放入 3 个代表不同机构的盒子中的一个来决定捐款的去向（盒子中代币的数量会随着时间推移而变化）。

（2）拥有某物。维特罗斯超市是全员所有制的约翰—路易斯百货公司（John Lewis Partnership）旗下的超市，因此这里的每位员工实际上都是合伙人，而不仅是名义上的同事。这使约翰—路易斯百货公司不仅在消费者中，还在员工中享有良好声誉。有一部分有机会提前或以优惠价格购买该企业股份的员工会成为该企业的忠实消费者。

（3）留下标记，制作具有持久价值的东西。2015 年，宜家集团举办了一场比赛，邀请世界各地的孩子绘制关于真实的和神话中的动物的图画，比如蝙蝠、恐龙和一些无名生物。宜家从中选出 10 张图画并将它们（高度忠实于原画的）制成毛绒玩具，然后以儿童玩偶的价格出售。收入将作为善款捐给联合国儿童基金会（UNICEF）和救助儿童会（Save the Children）。

（4）"变魔术"。人类学家和科技作家都喜欢指出"魔术"是我们在无法解释事物是如何发展时使用的词。但当某些东西比预期的更好或不同时，也会产生同样的感觉。如果你有条件使用技术，请用它为消费者提供惊喜和愉快的体验。我想起当楼梯意外地亮灯或发出声音时人们脸上的喜悦之情。当人们经过某设施，或者当他们停下来仔细查看展品时，固定设施上的体感装置能让花朵盛开，这同样会让人兴奋不已。

练习

对于消费者而言，行为期货市场的首要问题是控制。人们本能地不喜欢被外部的、无形的力量控制的感觉，比如算法的控制。同时，他们对自己可以控制事物非常感兴趣。

无论你的预算是多是少，无论你是零售商还是品牌商，都要问问自己能做些什么来迎合消费者的控制感。这可能包括以下内容：

● 信任与荣誉体系

丹麦谈判顾问及《福布斯》杂志撰稿人克尔德·詹森（Keld Jensen）谈到了诚实茶公司（Honest Tea，茶饮料公司）和 WH 史密斯公司（WHSmith，英国零售商）可能令人惊讶的发现。两家企业都实施了荣誉制度，要求消费者自愿支付茶钱和报纸钱。诚实茶公司发现 94% 的消费者全额付款。WH 史密斯发现，即使有些人不付钱就从盒子里拿报纸，它却收回了超过 100% 的报纸成本，因为有些消费者会放入超过报纸定价的钱（也许是因为他们懒得找合适的零钱），通过这种方式弥补了差价。除了省去商店为了监督消费者不逃单而产生的费用，你可能会看到使用荣誉体系的额外优势，那就是让消费者对自己产生良好的感觉。

● 询问消费者，他们想在你的店里看到什么样的东西

如果你已经拥有基于销售的可靠海量数据，这个建议似乎是多余的，但是从人们那里获取数据与亲自询问他们的意见不同。网店甚至实体店都可以引入投票支持或反对机制，这个机制不仅可以与产品有关，还可以涉及零售的方方面面，例如促销以及客服台和休息室等服务设施的设计。做出改变，让人们对"他们的"商店有一种掌控感和主人翁意识。

"双十一"购物狂欢节

简介

中国的"双十一"购物狂欢节几乎不需要介绍了。阿里巴巴集团在 2009 年推出"双十一"购物狂欢节。自此之后，它的规模、覆盖面、参与度和营收等每年都在增加。"双十一"购物狂欢节中最重要的一天是 11 月 11 日，但随着时间推移，活动持续时间也在不断延长，现在早在 10 月就开始了。

2020 年 11 月的"双十一"购物狂欢节受到了全球商界的密切关注。事实上，它再次超出预期。11 月 12 日，有报道称，阿里巴巴集团和京东集团"在'双十一'购物狂欢节期间实现了约 7697 亿人民币的销售额，两者均创下新纪录"。

深入剖析

"双十一"购物狂欢节的发展和明显成功，是有多重因素和变数带来的，但还是很容易挑出几个突出特点。

不断造势

如上所述，"双十一"购物狂欢节的时间延长了，其他方面也在不断改进升级。活动持续几周而不是 1 天，延长的"双十一"购物狂欢节显然提供了更多的营销机会。各种品牌也使用各种技巧来保持消费者的兴趣，例如通过推出限量版、有限的抢

先体验名额来制造稀缺性。与西方文化相比，中国的购物文化更
具有社交性。消费者通过社交媒体平台相互招募活动参与者，通
过分享内容和参与游戏等团体活动获得奖励。

游戏化

包括但不限于让消费者在阿里巴巴集团的购物平台上浏览、
探索，以寻找最终能变成代金券、折扣和其他奖品的红包。淘宝
用精心开发的品牌游戏和吸引人的图像用户界面引导消费者参与
这些活动。这些活动每年都在变化：2019 年，淘宝让消费者竞相
建造虚拟摩天大楼；2020 年，活动重点转向合作和饲养虚拟猫咪
的游戏。

多渠道体验

多年来，"双十一"购物狂欢节一直有类似于美国超级碗
（Superbowl）的电视直播活动。它充分利用了名人效应。美国歌
手泰勒·斯威夫特（Taylor Swift）是 2019 年该活动的特邀嘉宾，
英国知名足球运动员大卫·贝克汉姆（David Beckham）及其妻子
维多利亚·贝克汉姆（Victoria Beckham）则是 2016 年该活动的
特邀嘉宾。近来，直播也变得越发重要，它随着时间的推移而发
展，能够发现新的应用场景并提升销售额。据《福布斯》杂志的
一篇报道，2019 年"双十一"购物狂欢节期间，有 17 000 个品
牌参与了直播活动，销售的商品价值总额达 200 亿元人民币。美

妆品牌"后"（WHOO）在 6 分钟内就销售了 1400 万美元的产品。至于 2020 年，早在 11 月 2 日，也就是"双十一"购物狂欢节活动的 9 天前，《福布斯》杂志的一篇报道称，明星主播的销售总额已达到 78 亿元人民币。直播表面上类似于美国电视的家庭购物节目，但它提供的是一种相对令人兴奋和个性化的体验。消费者在其中关注他们喜欢的博主和品牌，从而能发现新品、观看产品演示、听取使用评价、参与互动、收集优惠奖励、得到主播的关注。

符号学的独特视角

与往常一样，符号学对"双十一"购物狂欢节这样的新事物的发展有新看法。当我们从人类集体行动去创造有意义的体验、讲故事、建立自己的文化并参与塑造历史的角度重新思考行为事件（以在规定的时间框架内产生的销售总额来衡量）时，就会出现新的观点。

关于"双十一"购物狂欢节，我希望你了解以下的关键点。它有多个特点，如预热造势、团队游戏和关键意见领袖（KOL）的积极参与，共同构成一种充满活力的大众体验。就像美国超级碗和世界杯一样，它是人（或是群居动物）聚集在一起并体验情绪高涨的机会。再加上技术的逐年进步，让"双十一"购物狂欢节变得更个性化、更雄心勃勃、更新颖，让大众享受着一头扎进未来的感觉。该活动还给个人提供了创造财富的机会——不是指某人可以通过优惠活动省下钱或获得奖金，而是在我们新兴的全球数字文化中，每个人都有机会打造自己的品牌。"双十一"购物狂欢节是一个好机会，你不仅可以将自己制作的产品或服务给他人消费，同时也可以将自己的品牌融入中国零售业年度最具活力的活动中来扩大自己的目标消费者群。这是很多人想要的未来，特别是年轻人，尤其是像在中国这样的市场，因为这里的购物更加社交化，并充分地融入了技术。这是消费者对科技主导的未来的理想愿景。

这里还有一个更重要的观点。在前面，我说到通过直播销售与通过家庭购物节目等渠道销售只是表面上相似。直播不仅可以应用于传统消费品牌营销，也出现在消费者自己的社交媒体、电子竞技平台和不断扩大的娱乐行业中。粉丝对他们喜欢的 KOL 和演员的忠诚度可能很高，他们会通过"打赏"和其他形式换取偶像的注意，例如偶像们在收到打赏等后会口头致意、念出粉丝的名字、感谢粉丝的打赏和回应粉丝的评论。直播给人们带来了与看电视不同的期望，包括给我们机会更靠近有吸引力的个人和期望打入的社交圈。这些情感丰富但遥远而片面的关系是准社会关系的一个体现，我们将在后文更详细地讨论这个问题。

营销建议

"双十一"购物狂欢节在许多不同层面上都取得了成功，符号学也为其增加了一组关于现实及其构建方式的内容。"双十一"

购物狂欢节是一场高度构建的活动。它是近年来特意人为创造的购物节。正因为它是人为创造的、出色的购物节，才让它更具吸引力。以下是一些受"双十一"购物狂欢节启发的点子，你可以用这些点子来进一步打造你的零售店或面向消费者的品牌。

与商业伙伴合作，在多地创建参与式活动。"双十一"购物狂欢节的规模已经扩大。对于消费者来说，仅限于一家店的促销活动不如暂时超越日常商业竞争的综合性活动那么令人兴奋。大型的、多机构参与的活动给人一种发展良好的感觉：说明社会进步和走向未来。如果参与"双十一"购物狂欢节本身遥不可及，也可以通过与当地的商业团体、商会和政府合作，组织地方性的购物节——有关美食、娱乐、文化和特定城市的，有地方自豪感的购物节，仍然可以取得良好效果。

向人们展示他们从未见过的东西。如果"双十一"购物狂欢节不是动态的，那它就什么都不是。由于促销活动有时间限制，它每时每刻都会发生变化。从整体上，它每年都在变化。它给我们带来新的视觉奇观。你可能请不起泰勒·斯威夫特那样的大明星，但会有更便宜的方法来展示一些新奇的东西。如果你常常会用气球和儿童沙滩玩具装饰商店来庆祝夏季特卖活动，那么，请尝试用以美人鱼人偶为道具的水下世界主题。如果消费者喜欢自拍，请使用新颖的座椅或充气树，让人们利用它们拍照。又或者可以用日常生活不常见的、富有想象力的类似物品来满足消费者。

现实是消费者通过与真实的人实时开展活动而获得的体验。当这些人认为他们是因为共同的兴趣而找到并选择彼此时，他们会感到特别愉快。可以考虑组织面向所有人但围绕特定主题的购物和促销活动，无论是当地流行的体育运动、科幻小说，还是素食主义等公益主题皆可。你可以根据当地人和核心消费者关心的内容选择要开展的活动的主题。给消费者机会，让消费者觉得他们之所以能遇到一些特别的事情，是因为你的商店或组织已经注意到他们并认为他们很重要。

练习

作为符号学家，在工作中，我经常受益于一项练习，即"体验"。当我看到零售商和品牌邀请消费者参与一些有趣的活动时，我经常会报名参与其中。在商业媒体上阅读有关零售创新的信息是一回事，但亲身体验却完全是另一回事。以下是一些你可以尝试的事情。

● 如果你对组织允许消费者参加的某类或某行业的贸易展和博览会感兴趣，请以消费者的身份参加。你可能有，也可能没有自己的展台，但即使有，也请贵企业的同事仅以消费者身份参加，他们可以参观所有展台、享受娱乐活动、在餐厅用餐、在酒吧喝饮料、收集样品和礼物并使用那里的洗手间。让你们作为消费者，尝试从活动中提取尽可能多的价值。

● 安装和使用一些购物应用程序。如果你从未使用过全球速卖通，安装这个应用程序，试用一下，看看感觉如何。写这一段内容时，我正在查看全球速卖通的应用程序，它与亚马逊的应用程序完全不一样。在首页上，在注册或登录前，我会收到"硬币""赠品""优惠券"和"新用户礼物"。有一个倒计时计时器显示商品的剩余销售天数，还有一个单独的为期一周的活动，名为"超级品牌日"，活动期间消费者有机会买到低至四折的商品。

用你的体验列出以下问题的答案：什么方面使得促销进展顺利？什么方面有待改进？哪些方面可以用于你的零售店或品牌？

边玩边赚

简介

游戏、游戏化和游戏产业是本书中，尤其是在关注技术和未来的第三部分中反复出现的主题。我想多用一些篇幅来讨论这些主题的原因是：

● 游戏行业是利润丰厚的行业，并且基本上不受突发的公共卫生事件的影响。正在苦苦挣扎的零售业可以从这个行业中获得一些新的想法和帮助。

● 科技企业通常投资于游戏和零售领域。例如,在撰写本文时,腾讯公司购买了阿里巴巴集团在零售领域最大的竞争对手之一——京东集团 20% 的股份,还有史诗游戏公司(Epic Games)40% 的股份。前沿的零售商总能从可迁移的见解和跨行业的专业知识中受益匪浅。

● 游戏行业随着时间的推移而发展,并创新商业模式,这些可供零售商和其他企业借鉴。

● 仍在尝试将过时的商业模式"游戏化"的营销人员忽略了一个重点,那就是游戏行业正在向零售商展示构思营销的新方法。

"边玩边赚"描述了游戏行业中的新兴商业模式。游戏行业十分重视用户体验,并愿意设计让玩家心甘情愿付费的游戏,让玩家在游戏中收获更美好的体验。

深入剖析

让我们直奔主题:消费者已经意识到他们正在参与一种注意力经济。至此,全球很多消费者都知道,他们花费了太多时间盯着屏幕了。他们为技术提供了大部分注意力。他们越来越意识到自己的注意力是一种被各种购物应用程序、娱乐程序和社交媒体平台等争夺的资源。他们开始期待一些回报,这时"边玩边赚"

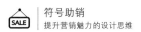
的游戏应运而生。

如果你对游戏行业不是很熟悉,让我向你简单介绍该行业的发展进程。当视频游戏首次出现时,人们会购买游戏磁盘。今天,个别游戏(或者,实际上是游戏的许可密钥)仍然在出售,一般需要一次性的预付款,而好的游戏产品可以将价格定在60美元左右。对于许多消费者来说,这是一笔挺大的花销,尤其是当他们已经支付了游戏硬件费用时。一段时间后,该行业意识到其他模式的组合将能更好地满足消费者和企业的需求。

首先,转向订阅模式。在该模式中,游戏不再是产品而是服务。这有助于减少消费者的初始支出,并且只要游戏企业定期发布新内容,它就能成为长期的收入来源。

然后出现了《堡垒之夜》(*Fortnite*)和《糖果传奇》(*Candy Crush Saga*)等"免费增值"游戏。用户可免费玩游戏,但需付费获取独家内容或数字资产。这种模式当时在游戏玩家中并不普遍流行,有时被称为"付费获胜模式"。

之后出现了新模式:"边玩边赚"。当消费者意识到品牌正在争夺他们的注意力时,他们的期望就会提高。他们会被要求交出宝贵的注意力资源,当得到补偿时,他们才会得到满足。"边玩边赚"的特点是:

- 游戏允许用户拥有某些资产。
- 这些资产在玩游戏时会增值。

当满足这 2 个条件时，游戏甚至不需要免费就能吸引玩家。《阿蟹无限》(*Axie Infinity*) 是一款在线游戏，与任天堂的《宝可梦》(*Pokémon*) 有一些相似之处：用户创造被称为阿蟹 (Axie) 的虚拟小生物，并用它战斗和交易。最初加入游戏需要购买 3 个为一组的阿蟹。由于《阿蟹无限》游戏使用的是非同质化代币 (NFT)，因此阿蟹是能够保留，且随着时间推移价值可增长的独特资产。也就是说，如果你对一个弱小的阿蟹进行训练，使其赢得战斗并逐渐变得强大，你现在可以选择以比购买时更高的价格出售这个独特的阿蟹。《阿蟹无限》使用的是以太币，它可以兑换美元这种传统货币。某日的阿蟹市场通知我，阿蟹的起售价为单价 350 美元（记住，我需要购买一组 3 个的阿蟹才能玩这款游戏）。这个入门价格非常高昂，但买入之后可以卖出获利。市场显上大量阿蟹的单价均超过 1000 美元，且理论上没有上限。关键点是：

● 阿蟹是玩家的独特资产，他们可以随心处置阿蟹，包括出售阿蟹。

● 只要游戏还在继续，阿蟹就会增值。

符号学的独特视角

《阿蟹无限》是体现游戏行业思维敏捷的一个例子，它能够利用新技术引发的新消费需求。对我而言，《阿蟹无限》很值得了解，因为它可以帮助我了解零售商常用的消费者忠诚度计划缺少哪些内容。正是缺少这些内容，让一些零售商无法在与阿里巴巴集团等科技巨头的竞争中占上风。它为零售提供了一个新的视角，而符号学的目的就是为熟悉的机制寻找新的视角。

举一个具体的例子，《阿蟹无限》让我注意到易贝返利计划和阿里巴巴集团的金币计划之间的区别。过去易贝返利计划常常通过按消费者消费总额的 1% 来奖励积分。积分可在礼品卡中累积，消费者按季度兑换礼品。2021 年，该计划已被使用易贝万事达卡赚取奖励的计划所取代，这种计划似乎是对传统银行卡业务的回归。该方案需要注意的方面如下：

● 很难在积分系统中分辨出你与他人的所有权是否不同。

● 积分只能在购物后累积（一如既往地以一种远程的方式积分，消费者对此几乎没有控制权），无法从任何其他活动中获得积分。

● 当更多人使用易贝时，积分的价值不会增加。

阿里巴巴集团的金币计划则不同。金币可以部分用于抵消购物款，因此可以直接地转化为现实世界的商品和服务。阿里巴巴集团擅长为用户想出新的赚金币方式，比如玩小游戏或者分享"双十一"购物狂欢节内容即可得金币。只需注册一个应用程序就足以赚取一些金币。这是对用户的感谢，感谢他们给予其应用程序收益而非竞争对手，并给用户优惠待遇。让消费者赚金币是为了换取他们的关注，而不仅是为了让他们在购买时抵销部分购物款。消费者知道他们的注意力是有价值的，且他们会因此得到补偿。像迷你游戏这样的机制让他们觉得自己真的赢得了一些东西：这不是既成事实，而是涉及机会、风险、竞争或合作等因素。

关键收获是：正在争夺注意力的零售商（我认为是所有零售商）将需要在新兴的"边玩边赚"经济模式中找到成功的方法。消费者似乎喜欢给他们主人翁精神和掌控感的机制，让他们认为自己的成就具有持久的价值，并且让他们认为他们是因为考虑了特定的商家或品牌而非其他商家或品牌才获得奖励的。

营销建议

正如你所看到的那样，"边玩边赚"不仅是一个将忠诚度积分用到购物的系统，它也绝不是用游戏的瓶子装旧商业模式的酒。除了消费者拥有所有权和资产会随着时间的推移保值或增值之外，"边玩边赚"的产品是在对游戏为何令人愉快这个问题有深度了解的背景下设计其功能的。根据该领域专家学者的说法，以下这些是关键要素：

游戏很有趣。人们将游戏的体验描述为令人愉快和放松的体验。游戏是身临其境的：你可以在其中放飞自我，忘记日常烦恼。游戏也有社交功能：如同"双十一"购物狂欢节一样，边玩边赚的模式能提高社交能力。游戏玩得好给人一种有能力的感觉，还有可能取得可衡量的进展。游戏给人们提供了自主权。消费者有权做出独立决策并获得一定程度的掌控权。

有趣、身临其境、关联性（善于社交）、能力和自主性是用来设计令人满意和引人入胜的体验的要素。增加"边玩边赚"模式，能让你有机会成功争夺消费者的注意力，并领先于仍然不知道游戏为何如此重要的竞争对手。

即将出现更多有意思的观点，但与此同时，请审视你的零售店或品牌，问自己以下这些问题：

● 如果你已经制订了消费者忠诚度计划，它的回报是什么？奖励人们对你的关注，即使是很小的奖励。肯定他们的看法，因为他们的时间很重要。

● 你能给消费者什么掌控感？如果你有一个应用程序，是否可以让用户有个性化的设计？你有他们可以钻研、使其增值或想拥有的东西吗？

● 你能用多少种方式来认可消费者的技能？那些美食爱好者、品酒专家或注重产品品质的人在购物时往往比较挑剔，他们的专长能被认可吗？

● 在你的商店购物有趣吗？能够让人得到放松吗？是否有

助于减轻人们日常生活的压力?

● 你能做些什么来帮助人们感觉到他们在这里反复投入的时间和精力能随着时间的推移变得有些价值? 玩的次数越多,玩的人越多,"边玩边赚"的产品就会变得"更好"。你能否引入随着参与度增加而变得更好的促销活动或忠诚度奖励计划呢?

练习

我给你的最好建议是"去亲身体验"。找一款免费游戏和一款"边玩边赚"的游戏,亲自感受一下两者的不同之处。你将能够体验到它们的优缺点,并能更清楚地看到哪些元素可以帮助你将消费者的注意力集中到你的品牌上。当你在脸书等平台上探索免费游戏时,你了解到的不仅是体育、赛车、谜题、神秘冒险等主题的游戏,更重要的是,你将体验到这些游戏背后的理念,例如收集物品、与时间赛跑、在游戏中与他人互动等,比游戏本身更具卖点。

然后去玩一些赚钱的游戏。你会看到它们在哪些方面不同以及它们之间的差异。你还可以亲自了解消费者对哪些方面不太满意以及如何解决这些问题。不是每场比赛都是完美的,并非每个零售商都能解决所有问题。阿里巴巴的金币和红包很容易获得,但一些客户抱怨道,他们必须做大量的游戏任务才能获得微不足道的奖励。另一方面,像《阿蟹无限》和《赛马游戏》(Zed Run)这样的游戏的经济回报比较丰厚，但会以买入价格高或其他的复杂条件作为准入门槛。弗兰克·帕特诺伊（Frank Partnoy）为英国《金融时报》(*Financial Times*)撰写了名为《密码世界的疯狂之旅》(*My Wild Ride into the Crypto World*)的文章，详细描述了他如何利用赛马游戏赚钱的经历。他成功了，但起步比他预想的要困难得多。你可以根据你的体验来做比较。

创作者经济和去中心化经济

简介

创作者经济

在这种经济模式中，人们不仅是消费者，还是内容创作者。创作的内容类型因平台而异，在帕提恩（Patreon）[1] 和 觅读（Medium）[2] 上，主要是长篇文章；在推视（Twitch）[3] 上则是视频游戏直播；在 YouTube 和抖音上则是播放搞笑、八卦等主题的视频（一些创作者试图从中获利）。这些应用程序的用户会以各种方式支持和奖励他们喜爱的内容创作者。渐渐地，就形成了"打

---

① 一家专门为艺术家筹集发展资金的众筹网站。——译者注
② 一个海外的写作阅读平台。——译者注
③ 一个面向视频游戏的实时流媒体视频平台。——编者注

赏"、付费收看独家内容、购买商品、订阅、购买无广告体验等方式。有些人认为，当注意力经济已经走到尽头时，接下来就是创作者经济的时代。

去中心化经济

它是指与集中管理不同的经济模式。新兴的创作者经济是去中心化经济的一个例子，但并不是去中心化经济的全部。去中心化经济不仅限于娱乐行业，它也存在于科技行业。

深入剖析

如果你像许多零售商和品牌一样，对这些主题比较陌生，那么你需要吸收很多信息。为简化起见，我准备了几个真实的故事。这些故事在别的地方都有详细的记载，我在这里只提供简短的概述。

亚历山德拉·库珀（Alexandra Cooper）是一位年轻女性，她于 2018 年创立了一个名为《叫她熟女》(*Call Her Daddy*) 的播客节目。节目涉及两性、人际关系以及当今年轻人的经历等话题。库珀似乎有无穷无尽的话题，她活力四射且本人很上镜。该节目非常成功。这一成功导致了库珀本人、前商业伙伴和最初播放《叫她熟女》节目的播客平台"酒吧高脚凳"(Barstool) 之间的争执。经过一番讨价还价，库珀挣脱了束缚，并接受了声田（Spotify）的三年合约。她的播客在"声田"的所有播客中名列前茅。2020 年，腾讯公司（该企业还持有京东集团和史诗游戏的股

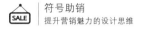
份）购买了声田 10% 的股份。

艾迪森·瑞伊·伊斯特林（Addison Rae Easterling）20 多岁，她住在加利福尼亚州，在抖音上发跳舞短视频。她的职业生涯始于 2019 年。她已累计拥有超过 8000 万粉丝。她的大部分收入来自品牌代言和自有商品销售。像她这样有大批拥趸的人，也开始涉足表演和音乐领域。她已与卡戴珊家族① 成为朋友，并被认为是抖音海外版收入最高的人之一。

你也可以理直气壮地说，当创作者驱动的经济最终服务于催生注意力经济的少数几家科技巨头时，它的去中心化并不完全。这种观点说的有道理，但驱动创作者经济是走向去中心化经济的一系列举措之一。在此过程中人们希望拥有生产资料，不再像机器或被动者一样，除了买东西和收看广告之外什么都做不了。对获得掌控感和参与创造性活动的需求也是去中心化经济各领域中反复出现的主题。这一切将在农村超市码货和周末在卧室里跳舞的青少年与有抱负的商界人物联系起来，并让青少年对他们产生崇拜之情。

符号学的独特视角

符号学的任务就是批判性地思考企业和消费者目前所处的现实是哪一个版本。随着创作者经济的出现，又将出现哪些新的版

① 纽约知名名媛家族，在美国娱乐圈和体育圈享有很高的声望和地位。——编者注

本的现实？

一些商业和科技作家和创作内容的消费者一样充满热情。确实，有很多值得高兴的地方。消费者似乎得到了他们想要的东西，比如完整的人格、认可和表达自我的机会。我们很容易看到蓬勃发展的创作者经济中理想的一面。营销人员奇恩·巴蒂阿里（Kian Bhaktiari）在《福布斯》杂志上撰文说明了这一观点：

> "我们现在看到个人创造力以前所未有的规模在传播。创造力是人类不可或缺的一部分……我们第一次可以利用大众的集体创造力来造福多数人，而不是少数人。"

但是，如果说你从符号学中学到了什么东西，那就是在你被引导看到的那个版本的现实背后总有另一个版本的现实。我们身边就能找到这样的例子。创作者经济不只是给人带来快乐，它也催生了经济不安全感，它尤其影响一些年轻人。新冠肺炎疫情的暴发使很多人失去了工作。零售业现在聘用的销售人员和楼面员工比过去少得多。人们甚至都没有买房的想法。在美国，孩子们在抖音上发跳舞视频，希望可以一夜成名；在菲律宾，他们的同龄人通过训练他人的虚拟动物获得佣金来勉强维持生计：阿蟹和数字赛马的价格远超出他们的购买力，拥有它们的是那些喜欢科技、资金充裕但时间有限的人。

你看过那些"比较23岁的我和23岁的父亲"的模因

（meme）①吗？它们是拼贴画。这种拼贴画中有两个人——父亲和孩子，他们正在思考他们的人生目标和机会。千禧一代和Z世代创作这个模因的目的是展示他们大幅减少的人生机会。在"23岁的父亲"这一部分中，父亲建立了家庭，除欲望之外，并没有任何限制也不需要考虑太多，他买了一栋大房子来养家糊口，而且没有财务困难或其他困难。"23岁的我"是一个没有妻子、家庭或房子的人，一切都超出了他的能力范围；相反，他有的只是在最新的帖子上获得的少量"赞"，这就是社会所能给予他的东西。

并非创作者经济的每个方面都是理想的，其中一些方面还涉及经济斗争和被剥夺合理的人类抱负的感觉。我告诉你这是因为当消费者在数字平台上创建、分享和传播这些模因和其他类似信息时，他们实际上在试图告诉你一些重要的事情。他们试图让每个人都了解他们深切体会到的不公正、经济和代际紧张关系的确切性质等。营销人员和产品设计师通常对"痛点"非常感兴趣：当我们知道是什么导致人们出现困难时，我们就可以提供引起他们共鸣的解决方案。

营销建议

消费者很可能已经在以一种或另一种方式创作内容，无论是在本地的来聊（WhatsApp）群组上发布"早安"消息，还是通过

---

① 一种流行的、以衍生方式复制传播的互联网文化基因。——编者注

将自己打造为单人、多平台的娱乐个人品牌来抵消失业和传统工作岗位缺乏产生的影响。营销人员一直在寻找新的消费需求，而创作者经济的出现似乎伴随着许多需求。以下是对零售商和品牌参与创作者经济的一些建议。

创作者需要观众和平台。抓住机会向创作者提供这些东西，尤其是对那些消费者欣赏的人，或者消费者认为有投资价值或与之建立联系的创作者。你所在社区最受喜爱的人是谁？你能给他们一个说话的平台或让他们在你的店铺传播中占有一席之地吗？天猫和淘宝非常擅长设计此类活动，鼓励并帮助人们将他们创作的内容展示给更多的受众。

内容创作是一项无止境的任务。你的那些创作者客户致力于创作新内容，这意味着他们需要有源源不断的新想法、新道具和新场景。这时你的促销活动就可以发挥作用了。你可以围绕和你的商店有关的任何内容进行组织，无论是家庭、婴儿护理、当地学校、当地主要工作人员（如医务人员）、地方艺术和音乐、地方体育，还是你特别想要推广的任何特定商品，例如需要从头开始烹饪的新鲜农产品，或营造居家水疗感觉的个人护理产品。

让游戏可玩并提供奖励。这里的关键是，即使是很简单的内容创作也是一种工作。大家认为工作与游戏不同，因为它具有外部动机（人们需要赚钱）和强迫性（大多数人即使不喜欢工作也必须工作）。从某种意义上说，工作已经控制了游戏，这使得"真正的"、非强制性的游戏相对稀缺。美妆品牌露诗（LUSH）在这方面一直做得很好，他们为消费者提供在店内玩耍，将起泡的浴盐放入水桶中的机会。耐克让消费者设计自己的鞋子并参加品牌的线上多人健身活动，在这过程中它也会设计一些游戏让消费者参与。

练习

思考一下你的零售业务或品牌，并提出以下问题：

● 你可以在你的营销或商业模式上做些什么改变来表明你是站在消费者一边的？去中心化经济对消费者来说是令人兴奋的，因为它代表了一个抵抗并试图掌控自己生活的机会。

● 你在做什么，或者你能做些什么，来让自己站在"企业"和诚实的"大众"之间的正确位置？

可能在你最近裁掉的员工当中，有一些人属于不同类型的内容创作者，你可能无法创造数百个新工作岗位，但你可以不遗余力地成为一位对创作者友好并支持他们创作的企业管理者。列出一些你可以做的事情。

使用消费者反馈表，找到购物过程中好玩的（非强制性的、自发的）地方，并在此基础上想办法，让人们有机会与展品互动、制作物品、尝试新事物。

在下一章中，我们将更深入地了解消费者：他们为什么不开心，他们如何改变现状以及商家可以做些什么来帮助消费者。

第八章
消费者的未来

本章内容能帮助你

　　企业比个体消费者有更多的掌控权和更重的责任。前一章探讨的是整个商业领域的未来以及诸如大数据、行为期货市场、工作性质改变等各种话题。本章会通过对消费者进行更为深入的剖析来继续探讨未来这个话题。社会和科技的快速变革意味着许多事情影响了消费者，而且超出他们的控制范围。

　　读完本章后，你将能够：

　　● 找到让消费者个人和社会受益，而不仅是让企业受益的方式来为消费者解决的苦恼。

● 为消费者创造机会去体验有意义的社交和建立情感联系；了解准社会关系以及它对市场营销的启示。

● 发现技术驱动未来中令人开心、兴奋的内容，为人们提供多种能体验自由的途径。

消费者文化的弊病

简介

我们的现实正处在危机中，心理健康问题也同样令人担忧。如同气候变化一样，我们很早之前就已经预料到了，只不过近来它的症状越来越明显。作为消费者，我们非常喜欢增强现实的体验和产品，也从中受益颇多，当然我们使用社交媒体的时间也很多。我们喜欢希瑞（Siri，苹果语音助手）和亚历克莎（Alexa，亚马逊语音助手）为我们服务，我们喜欢在下单的当天就能拿到购买的产品。但是许多人并不开心，能区分我们人类和其他物种的某些能力似乎在退化。

正如气候变化一样，商界的人需要为此负责。大部分企业都至少在减少碳足迹方面开始有所行动。现在是时候该关注我们依靠的消费者的心理健康和快乐了。

深入剖析

每一项科学研究都有其局限性，样本量也有其局限性，大多数研究只能解决一两个假设。尽管如此，开始有越来越多的证据表明我们出现的诸多问题。有如此多的证据，以至于我们不得不非常迅速地浏览每个证据。如果你有时间阅读更多内容，所有这些证据都值得去深入探究并提出相关建议。

让我们来看看全球背景。和气候变化一样，人们现在也需要解决诸如经济鸿沟扩大、药物滥用、全球肥胖危机等问题。在此背景下，科技创新的快速发展推动了社会变革。

技术催生了注意力经济及其分支模式，包括我们尚未提到的"愤怒经济"。人们在社交媒体上看到的内容，从新闻到模因表情包以及介于两者之间的所有内容，大多是经过算法推送的，因此人们可以看到更多让他们愿意参与、评论和分享的内容。各种过激言论和令人毛骨悚然的犯罪新闻，在激烈的注意力争夺中占了上风。人们可能喜欢猫咪表情包，但能让他们做出反应的是他们认为其他人是坏人和有错之人，或者周围充满了可怕的事情这样的内容。

焦虑和抑郁现象越来越严重。心理状况不良与使用社交媒体有关。加利福尼亚大学学者在 2017 年发布的三年研究报告称，在脸书上"点赞"，甚至更新个人状态都会让人察觉到自己的心理状态变差。现在患抑郁症的孩子比过去要多，患病时的年龄也更小。

同理心出现巨大丧失。2010 年，密歇根大学社会心理学家进行的一项具有里程碑意义的研究表明，与以前的同龄学生相比，当时学生的同理心出现了巨大的丧失。从 20 世纪 70 年代到 2010 年，同理心下降了 40%，非常令人震惊。2021 年，英国前进（Onward）智库发表的一份报告称，在 34 岁以下的英国人中，仅有 1 名密友或者 10 年内没有密友的人的数量增加了 2 倍。

注意力集中时间缩短了。2015 年，微软发布的一份报告受到了热烈讨论。这份报告表明，平均注意力集中时间从 12 秒大幅缩短到 8 秒。虽然这份报告在方法论上存在争议，但注意力集中时间缩短这个事实仍然存在，因为它似乎与我们觉得注意力难以集中的主观体验相一致。人们经常会查看他们的手机。

创造力可能会变得更加有限和保守。2013 年，心理学家霍华德·加德纳（Howard Gardner）和凯蒂·戴维斯（Katie Davis）发表了一些特别的研究结果。在一项精心设计的研究中，一个团队分析了青少年的创意产出——视觉艺术和创意写作——并比较了 20 世纪 90 年代初期和 21 世纪 00 年代同龄人的作品。21 世纪年轻人的创意产出更加复杂和专业。然而，虽然他们在专业上有所建树，但他们似乎失去了许多想象力。

个性丧失正在成为一个问题。这是另一个很大的话题，这将在后文再次出现。现在，让我们看看，在 2019 年，一位名叫捷克·威尔莫特（Jak Wilmot）的 YouTube 用户相当勇敢地戴了一周的虚拟现实（VR）头戴设备，不管是醒着还是睡着都戴着，接着他经历了个性丧失。需要注意的一点是,对他自己来说,这并不是个性丧失或现实的丧失,他没有质疑自己的存在。相反,他认为是其他人的个性丧失了。当他终于摘下头戴设备去外面散步时,他说路人似乎是"阿凡达"[①]。

符号学的独特视角

我们刚刚谈到了许多主题。我知道需要消化的东西有点多。我在本书写作的准备阶段,非常重要的一项工作就是要掌握这些主题中的详细内容,这样我才能知道所有部分是如何组合在一起的(这确实是符号学研究的一个特点)。至少我暂时将知识拼图拼凑在一起了,并且随着知识拼图不断增加,我可以看到全貌了。

科技的发展几乎超越人类的应对能力

这不是人类苦恼的唯一原因,但绝对是主要原因。作为人类,我们还未能学会减轻科技发展给我们带来的伤害,或者确保我们自己发明的工具能带来益处。主要由企业驱动的数字化现实,正在给消费者增加负担和压力,却未能给他们期待的回报。

[①] 科幻电影《阿凡达》中的人物。——编者注

在本章的开头，我说到现实处于危机之中。在关于虚假新闻及其对民主影响的对话中，我们经常会说这种话：这个话题太大了。但不知道是否该相信新闻只是冰山一角。它对现实侵蚀的深远影响最好用一个现实生活细节来说明，这就是为什么我想和你分享一个人类学家雪莉·特克尔（Sherry Turkle）讲述的生动故事，以防你还没有读过她的开创性著作《群体性孤独》（*Alone Together*）。

2005 年，特克尔带着女儿去了纽约的美国自然历史博物馆。在排队等候时，她正好站在活生生的加拉帕戈斯象龟面前，于是她开始与女儿和其他家庭讨论这些生物的真实性和它们是否有价值。事实证明，对于他们而言价值不是很大，尤其是对于孩子们，他们对加拉帕戈斯象龟不感兴趣，且认为这种展示既乏味又不卫生，而且对乌龟来说是一种耻辱。

尽管这论断很惊人，但这个故事的真正关键点是特克尔后来将这个故事告知迪士尼一位高管后，高管的反应。特克尔在报告中写道：

他说他并不对此感到惊讶。当迪士尼动物王国在美国奥兰多开业时，居住在那里的"真实的"，即活生生的动物却被第一批游客抱怨说它们不像迪士尼世界其他地方的假卡通动物那样"真实"。机器鳄鱼会拍打尾巴、翻白眼，它们表现出典型的"鳄鱼"行为。而真正的活鳄鱼，就像真正的活加拉帕戈斯象龟一样，几乎都是自己独处，并不与人互动。

在很久以前，20世纪60年代和70年代的后现代主义思想家就已经预测到这种现实危机或者价值损失了（比如，鲍德里亚在观察中预测，人们通常更喜欢模拟的而非真实的东西，而且随着时间的流逝，这个预测越发正确）。这是一件好事，因为企业可以通过维护成本相对较低且对动物伤害较小的仿造物来更好地满足人们的需求。

然而，人们已经感受到了许多与大规模转向线上生活相关的负面影响，比如自己成为文化风波的受害者，或者失去了线下零售的工作。此外，人们还没有体验过史蒂文·斯皮尔伯格（Steven Spielberg）在2018年推出的科幻冒险电影《头号玩家》（*Ready Player One*）中令人兴奋的经历，他们热切期待。我认为消费者的期待与回报有差距，当人们的幸福起点很低时，这种感觉就会很强烈。

稍后，我将为零售营销人员提供一些建议。与此同时，如果你还没有看过《头号玩家》，你应该看看。它是一部反乌托邦的电影，里面有消费者想要的完整的VR购物清单。我期待着大家的观影感受。

营销建议

到目前为止，至少通过我现在告诉你的方式，你可以知道，人们非常不开心。原因之一是人们还没做好科技会超越人类的准备。我们发明了强大的新工具，用这些工具可以建立非常成功的商业模式。但是我们还没有弄清楚如何减轻伤害并防止系统故障和技术滥用的情况。此外，对大多数人来说都存在回报差距。盯着小屏幕本身并没有什么乐趣，而且现在消费者使用的 VR 头戴设备让人想起早期手机时代人们随身携带的"砖块状"手机。我们仍然没有飞行汽车。亚马逊送货无人机挺不错，但它与科幻小说让我们期待和希望的那样仍有差距。

我认为商界中的个体，尤其是零售商和营销人员，需要迎接挑战。如果我们的目标是以真正有利于人类和社会而不仅是企业的方式来应对人类苦恼，那么这对每个人来说都是双赢。可以用以下观点来指导实践：特定类型的不快乐意味着有让人感觉更好的特定机会。我将在下面的练习中列出一些，但首先让我们想一下迪士尼乐园——一个让大部分消费者都认为是"地球上最快乐的地方"。从当代不快乐的角度来看，迪士尼所提供的东西似乎比以往任何时候都更有意义。"地球上最快乐的地方"就是这样一个简单的命题，它大胆而切中要害。它是如何体现，如何满足这里所讨论的需求的？

怀旧。对于在美国长大的成年人来说，迪士尼乐园一游让他们仿佛回到了童年，这让成年人感到宽慰、安心。当成年人精神越苦闷时，这段经历就越有价值。

强调家人。这里说的"家人"，指的是线下存在的真实关系。

我们应该创造更多机会来制造家人间的共同回忆，营造一种有益身心健康的、单纯的氛围。

安全体验。迪士尼乐园像一个受保护的泡泡，很安全。迪士尼有非常清楚的规定，公园工作人员应如何表现和与客人互动，以避免打破任何人的幻想。在这个非常精心管理的环境中，安全是首要任务，对孩子来说这里是安全的。

迪士尼有许多优点，比如销售独家商品、让产品和角色栩栩如生，但是最重要的是它能给人安全感。我特别在这里提到这个具体的例子，这样我们就可以知道，我们需要使用多种策略才能获得成功。最后我想引用独立游戏（Wholesome Games）网站的一句话来结束这部分内容。独立游戏网站的初衷是为玩家收集、组织和展示它认为能够让人产生同情心、满怀希望、感到安慰的电子游戏。在这个行业中，最受欢迎的游戏往往围绕男性、武力的主题，但独立游戏网站却理直气壮地选择推出那些和平的、令人振奋的游戏。它有句话是这样的："有时创作黑暗或令人不安的艺术是一种强烈的行为，而在逆境中创作充满希望的艺术也是一种强烈的行为。"

这是我的总体建议。让我们用我们在营销和零售方面的技能，为消费者打造富有同情心和充满希望的购物体验。在阴郁时期，这是件勇敢的事情。

练习

如果你管理一家中小型零售企业，或者是一家大一点的企业，你可能会觉得全球范围内的心理健康问题和幸福感下降是无法改变的。但没有什么能阻止我们努力改进这些问题。以下是我们作为零售商可用的一些资源：

● 空间：房屋或电子平台。

● 预算：我知道许多零售企业手头并不宽裕，但我们仍然比普通消费者更有钱，有更强的购买力。

● 人：如果你的企业员工超过 1 人，那么你可以通过团队合作获益良多。

● 熟知当地商品情况：了解当地什么商品能让消费者开心。

● 掌握商业知识：什么样的商品能让人在几乎任何地方都感到开心。

我会提出一些解决特定烦恼的办法，看看你手头有些什么可用的资源。在本书找出合适的空白处做做笔记。

● 焦虑：有很多方法可以对抗焦虑。人们喜欢"安全空间"，可以传达"这里是一个安静的地方，可以让残疾人士坐下"或"这个区域是安全的，可让孩子们玩耍和探索"或"这里的每个人都已经通过实名认证,他们的账户是真实的"等信息。

● 无法辨别真实性:让人们获得一些现实世界的体验——如果他们能参与创造性活动就更好了。提供一些现实体验和现场表演。亲自演奏和现场聆听音乐与在电子平台听歌不同。大多数画作在现场欣赏比在屏幕上更令人印象深刻。让人们有机会用他们的手和想象力创造性地玩耍。真诚地为人们提供这个机会。它首先需要的是游戏,而不是伪装成游戏的监视。我们希望重建信任,而不是破坏它。

● 同理心、亲密关系、人际关系的缺失:让人们有机会能够对彼此友善和相互信赖。如果你正在寻找灵感,可以去看看流行食人魔公司(Popcannibal)的一款名为《暖心之语》(Kind Words)的电子产品(我不愿意称其为游戏)。该产品赢得了英国电影与电视艺术学院奖(BAFTA)的"超越娱乐性质的游戏"类别的奖项。该软件在默认状态下,用户学习或进行其他生产性工作时会播放安静舒缓的音乐。只需点击一个按钮,用户就可以选择接收和阅读由真人撰写的短消息,他们会在其中表达焦虑并寻求情感支持。用户可以用自己的同情或建议的话语来回复这些消息,也可选择不回复。人们想要互相接触。接下来在下一部分还有更多关于关系的内容。

关系

简介

前文讨论了人们的各种痛苦，在这里我想就某一方面展开详细讨论。在社交媒体上和在公开或半公开的虚拟空间中发展人际关系本身就会带来焦虑，至少会在某些时候造成人际关系紧张。大家可以随口说出这样的例子，因为我们都认识有这样感受的人。有报道称，Instagram 和脸书用户经常用自己不完美的真实生活与朋友精心设计的"生活方式"作比较。从前，青少年拉帮结派和霸凌只局限于校园中，但现在人们则通过手机在业余时间更为疯狂地开展这种行动。

因为线上交流是有困难的，因此人们在线上交流时可能与家人、领导、网友之间产生激烈的、不可调和的矛盾。人际关系脆弱且受到威胁，但是营销人员和消费者体验设计师们可以做些事情让大家感到更开心并带来良好社会效应。

深入剖析

问题

我直奔主题。在肖莎娜·祖博夫的著作《监视资本主义时代》(*The Age of Surveillance Capitalism*)中，她将问题诊断如下：不仅是技术让人善妒、不安、容易与人争执。运用科技了解自己和他人，这是史无前例的，但也导致出现了更严重的个性丧失。

祖博夫直白地指出,我们的电子用户已经演变成下面描述的这种人:无法放下手中的电子设备,无法忍受断网;心理状态不稳定;开始融入蜂巢[①]思维;需要控制他人;通常来说,随着人逐渐成熟,处理人际关系的能力会提升,但现在我们这种能力被抑制了。虽然这些话说得太重了,但是由于现在越来越多的人出现这样的新问题,所以如果我们想要了解我们和自己、他人之间的问题的核心,这是一种非常好的视角。

优点

有时,技术也可以让我们看到人性光辉的一面。2014年,一对正在处理儿子后事的挪威夫妇突然意识到儿子被许多人爱着,这种爱之深让他们有些不知所措。25岁的马茨·斯蒂安(Mats Steen)一直患有肌肉萎缩症,这是一种进展性疾病。像许多整天待在家里的人一样,他从小就开始玩电子游戏。到他成年时,他已经是一个知名游戏协会中受人尊敬的玩家,这个协会是一个游戏玩家的群体。马茨的父母知道他是一名游戏玩家,但未能理解其中的含义,直到他的父亲成功联系了一位该游戏协会的成员,让该游戏协会知道了马茨过世的消息。之后,电子邮件开始纷至沓来。社会筹款让马茨最亲密的朋友——素未谋面的网友——飞往挪威参加葬礼。在欧洲各地都有人为马茨举行烛光守夜活动。正如马茨的父亲所说,在他的眼中,他看到了一个完整

---

① 即所有人都通过互联网和社交媒体连接在一起。——编者注

的社会，一个由人组成的小国家。这些人都说道，马茨"超越了他的物理界限"并"丰富了人们的生活"。爱的倾诉是人类擅长的事情，它将我们与机器区分开来。当科技为像马茨和他的朋友这样的人提供了互相关怀的机会时，就会出现充满希望和乐观的故事，让我们恢复对人性的信心。

准社会关系

在结束本章之前，我必须提到准社会关系。可能你已经听过孤独的人和智能语音助手建立关系，或者最新一代机器狗的新闻故事。这些就是准社会关系，在关系中，一方是无感情的物品（有时是人工智能）。人类喜欢它们，并对它们产生感情，企业也容易控制它们。

2020年任天堂公司推出了一款游戏《动物之森：新地平线》（*Animal Crossing: New Horizons*），3300万人支付60美元购买这个游戏。与其说它是电子游戏，不如说是宠物，玩家可以在这里与将近400个拟人化的动物建立准社会关系。在任何时候属于你的个性化版本的游戏里都会有10个这样的动物。游戏里这些（动物）"居民"——你逐渐会熟悉这个叫法，可以记住你的名字并且会给你取绰号。它们会询问并记住你的喜好；他们有自己的喜好，也会喜欢精心挑选的礼物；它们会很高兴见到你，并且知道上次见到你是什么时候；它们会在你生日的时候给你办派对。玩家们会在社群里讨论它们最喜欢的动物，并称它们为"梦梦"。"动物之森"是个舒服、安全的世界，只要你愿意，你可以不和人类互动。你的动物朋友既可靠又能让你感到放松，而且会对你的付出做出回应。

符号学的独特视角

在数字文化中，人与人之间的关系变淡了，但是与非人类的物体的关系变深了。我们营销人员或零售商没有责任去改变这一切，但是可以在设计消费者体验时敏锐地找出改变后的新的消费需求。

符号学通过2个关键问题来向我们发出挑战：

（1）我们创造了哪些版本的现实以及我们能够想象什么样的现实？

（2）什么样的社会需要这些关系（科技介入的关系、准社会关系等）的存在？

人们是技术狂热者，就像很多事情一样，技术既可以是解决方案也可以是问题本身。社交焦虑和社交媒体之间的关系就像先有鸡还是先有蛋的问题。一方面，有社交焦虑的人在社交媒体上大放异彩。他们终于可以和陌生人说话了。他们走出自己的保护壳，因为一切都是匿名的，并且躲在屏幕后面是安全的，或者至少在某些时候是这样的。同时，我们在网上暴露真实的自我是有风险的，并会产生新的焦虑。我们的自我和关系不仅更需要以科技为媒介，而且变得更加公开。社交焦虑的人经常害怕被评判，如果说这曾经是一种非理性的恐惧，那么现在则是理性的恐惧了。社交媒体早已经为评判你做好准备了。这就是我们自己的行为所产生的结果。

因为人类可以承受很大压力，而且我们富有思维能力和创造力，我们尽最大努力使用现有的工具，也展示了我们能够想象的现实版本。人们想在情感上相互投资，他们希望看到感情变成现实，挪威游戏玩家马茨的葬礼恰恰证明了这一点。科技产品——某些人当作交流工具的视频游戏——并不是主要的吸引点。重要的是科技产品引发的结果：这个涉及的人群横跨欧洲大陆的事件，让真实的人真正体验和表达爱与同情，能让彼此，尤其是马茨的父母得到安慰。

大众文化表明大众对准社会关系很感兴趣的同时又有点担心。因为科幻小说的关系，大家对机器人管家及其对家庭生活的意义一直存有幻想，这是一个人们觉得有趣且有点麻烦的主题。但从寻求更安全、更舒适的方面来说，温暖、友好的声音和可爱吉祥物的准社会关系正在满足人们真正的需求。营销人员早就知道如何创作对营销有帮助的吉祥物，仅举几个来自家用纸品行业的例子，比如美国的可爱熊（Charmin Bears）、英国的卡谢拉（Cushelle）品牌的考拉、安德烈斯宠物狗（Andrex Puppy）。一些企业开始将吉祥物视为过时的东西，担心在不断涌现的新创意中，它可能会显得过于稚气或简单。但在我们现在的更新的、数字驱动版本的现实中，稚气和简单可能是好事，现在是吉祥物卷土重来的好时机。

营销建议

这是我的总体建议：迎合那些有社会焦虑的消费者的需求，设计能够互相滋养的购物体验，不要羞于使用准社会关系和相关角色。

我们可以在实体店和网店迎合有社会焦虑的人。有的人会被噪声和人群所困扰，有的人会觉得与别人互动很尴尬。当你的实体商店的业务不那么繁忙的时候，你可以利用科技工具把迎合他们的信息告知他们。美容美妆等时尚商店有时候很擅长打造安静的环境。超市通常会很嘈杂，但是如果你有足够的空间，可以在书刊、文具和礼品区周围打造安静的区域，把店内促销信息和有关设施放在消费者附近的区域，让那些不堪重负的人有一个喘息的空间。在网络平台方面，那些闪烁的图像和动画、艳丽的色彩、杂乱的设计，特别是在所有元素都同时使用的时候，很容易让人产生焦虑情绪。可以考虑使用通俗易懂、让人容易接受的设计，使人安静或在感到困难时有做出调整的机会。

让人们有相互治愈的机会。一些超市在出口附近安装有桶或箱子，人们可以将物品捐赠给有需要的家庭——我附近超市的那个箱子通常是满的。在星巴克，有一种人们"接力请喝咖啡"的潮流，在收银台排队付款的人会为身后的陌生人支付咖啡钱。匿名是这个爱心活动的一部分：陌生人的善意，给我们带来的焦虑感最少。并非所有消费者都喜欢这种潮流，因为这会导致实体店里付费的队伍移动缓慢，但这是一个服务问题，而不是这个概念本身的问题。请记住，大多数人喜欢在努力之后看到一些明显的成果作为回报。所以我们可以在这个系统中设计一些能产生可见结果的东西。

准社会关系是可以实现的。你可以将准社会关系的吸引力与品牌吉祥物联系起来，特别是如果你可以将品牌吉祥物以数字版本放入应用程序中或将其制成毛绒玩具那就更好了。近几十年来，美国和西欧的人似乎认为他们已经无法创作出可爱的吉祥物了。皮尔斯伯里面团娃娃（Pillsbury Doughboy）和劲量兔（Energizer Bunny）开始看起来像是旧时的产物。然而，在墨西哥，人们从未停止对品牌吉祥物的喜爱。而在日本，作人们成年并不影响他们喜欢皮卡丘天真无邪的面孔。在我写本章时，我成了一只名叫艾米丽（Emily）的粉红小兔子（见图8-1）的主人，我通过总部位于伦敦的爱从前公司（Loved Before）"收养"了它。该企业募集二手毛绒动物玩偶后，会对其进行整理和消毒，然后再以同款新品大约一半的价格寻找"收养人"，所得款项用于支持帮助绝症儿童实现梦想的许愿基金会（Make-A-Wish Foundation）。这种商业模式中蕴含的善意和爱心是实实在在的，并未夸大其词。艾米丽以她前任主人命名，她希望能被人们记住。二手毛绒动物玩偶通常不被视为高端产品，但在爱从前公司手中，二手毛绒动物玩偶的历史让玩偶本身和公司都更有价值。

图 8-1　粉红小兔子玩偶艾米丽

（图片经爱从前公司同意后使用，艾米丽以她前任主人命名，因为她希望下一任主人能记住她和这个玩偶的美好经历。它的角色喜好被设计为"喜欢蜂蜜和棋牌游戏"。）

练习

在本章中，我们深入探讨了一些深刻的人类情感和需求。人们焦虑、孤独，且面临很多风险。这就是为什么我想请你考

虑一个同样重要的话题，那就是道德。我相信你的企业也认为
道德很重要。也许你已经制订了企业社会责任计划，也许你的
企业也有一个愿景或使命宣言，表达了诸如"帮助每个人变得
更健康"或"通过技术联通彼此"的雄心壮志。将司空见惯的
事物与当今消费者巨大的情感和社会需求关联起来，我想说这
种事我们做得还远远不够。也许是时候该谈论美德了，比如慈
悲、真诚等。

如果你的组织或品牌有一个核心美德，其他一切都围绕这
一美德展开，那个美德会是什么？在一个不确定的时代，你的
企业和目标消费者将从你的美德支撑中受益。

未来的心仪之物

简介

本章最后一部分与欲望和渴望得到的物品有关。具体来说，
就是指我们将来想要的物品、服务和体验。这些大部分将由企业
而非消费者来构思设计。正如我前文提到的那样，消费者认为他
们对数字革命的期望与他们实际拥有的东西之间似乎存在明显差
距。我可以很快就拿到外卖配送的咖啡和三明治，但我无法用意
念控制，不能逃脱死亡，不能停止气候变化或移居月球。尽管
我们现在创造的未来的初级版本还比较令人沮丧，但人们对即将

到来的有技术辅助的未来感到开心和激动。开心和激动当中包含的，最主要的是人们对自由的向往。

深入剖析

现在让我们马上切入正题吧，下面有 12 种方式，让消费者能够用他们的购买力来获得有关未来的幻想。只要企业一直创新，消费者就可以一直购买。

（1）奢侈品。被奢侈品吸引的消费者将希望继续拥有最好的一切：最好的手表、最好的大衣。在一个产品过度加工的世界，人们对产品成分、工艺和纯度（材料和道德方面）的渴望将会增强。

（2）获得难以得到的商品和服务的专属渠道。不是每个人都能与维珍集团创始人理查德·布兰森（Richard Branson）、亚马逊创始人杰夫·贝佐斯（Jeff Bezos）或特斯拉创始人埃隆·马斯克（Elon Musk）一起乘坐休闲飞船进入太空，但有些人就拥有这个机会。

（3）独特而珍贵的物品。比如珠宝和一些艺术品。非同质化代币创造了新型的数字产品，让人们有机会收藏和拥有更多稀有产品。

（4）见到以前从未见过的东西。这是一次非常令人向往的体验。这就是杰夫·贝佐斯想从宇宙飞船的窗户看地球的原因，因为用亲眼看实物和看照片的感受是不同的。这也就是为什么游戏

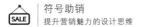

玩家想要在 YouTube 的剧透视频出来之前玩到最新的奇幻游戏。

（5）能够生活在理想的地方。城市不会消亡，他们将继续吸引那些想要置身于日益复杂的数字伞下的有钱人。（第十章中有关于智慧城市的内容。）

（6）让消费者拥有完善个人的数字自我或在线生活的事物，例如优质虚拟房地产和独家数字时装。在扁平世界（Decentraland）（一个虚拟现实平台和可穿越的虚拟空间）里可以找到有价值的房产，这里虽然去中心化，但进入门槛很高。在数字时尚方面，技术仍处于早期阶段，但希望终有一日数字时装可以实现完全穿戴。

（7）智能设备。人们想要智能家居和未来感的汽车。当今世界上最富有、最能够接触尖端技术的人是看展望未来的内容长大的。从孩提时代起，他们就期待着智能家居能无微不至地照顾他们的生活起居，车辆能满足他们的每一个需求。

（8）有更好的方式去结识他人。社交将变得越来越重要，人们会为比约会社交软件火花（Tinder）更有效果的社交技术付费。

（9）保护隐私。随着生活变得越来越公开，许多事情会在数字世界的广大观众面前揭开，因此人们将为保护隐私支付更多费用，一些人会为此付出高昂的代价。

（10）延长寿命和养生的服务。人们已经迫不及待地想花钱购买优质的医疗保健服务和生物技术了，这不仅意味着生病时可以获取最先进的药物，还意味着获得更先进的生物技术。

（11）让消费者通过教育和创业培训等具体行动获得提升自我的机会。媒体培训以及私人教练和导师等服务会越来越多。

（12）能够提高一个人获得他想要的东西的能力的所有服务。能得到这些并不完全等同于富有。它最简单的体现是越来越快捷的送货服务，但也可以表现为拥有高端社区的会员身份，人们可在那里获取前沿资讯。

符号学的独特视角

上面的一长串需求相当于一组观察，但并不是分析结果。当我们询问这些项目意味着什么样版本的新现实以及它们为信任、订阅和投资的人服务的总体目标是什么的时候，我们就开始应用符号学的思维了。

当我纵观全局时，我看到人们很兴奋，因为他们觉得我们正处于文明进化的巨大边缘。历史学家、哲学家尤瓦尔·诺亚·赫拉利（Yuval Noah Harari）说过，当后代回望今天时，他们会看到一个关键时刻，那就是在全球范围内，每个人第一次与其他人建立了联系。未来才刚刚开始，但可能出现的奖赏和威胁却无法想象。

我想简单提一下爱立信（Ericsson）消费者实验室在 2019 年进行的一项研究。它对分布在 15 个主要城市中的约 12 000 人进行了调查，询问他们对 2030 年生活的设想。尽管这项研究是同类研究中规模较大的研究之一，但其调查本身并不特别。对我来说，这项研究关于隐私的结论却与众不同。爱立信消费者实验室将大约一半的受访者描述为后隐私消费者。这些消费者意识到，目前隐私和数据保护很难实现，但他们有信心，未来法律和技术会更严格，能更好地保护隐私。同时，他们似乎非常愿意以个人数据等形式交出隐私。他们合理地期望将来会有更多的此类要求，而我们现在所知道的隐私将不复存在。这丝毫不影响他们的热情。这些受访者对渴望已久的科技发展最有热情，比如他们希望能够用人脑来操作软件。

我提到爱立信消费者实验室的故事是因为我认为它抓住了技术和未来爱好者的想象——我看到了他们对自由的追求。而且，这种自由有两个不同的方面：一方面让我们免于被盗窃、泄露数据、引来烦人的不便以及人际关系受到技术不必要的干扰；另一方面让我们拥有新体验、追求新刺激、享受新福利以及看到新创造的事物和去新创造的地方的自由。爱立信消费者实验室的受访者认为两方面的自由他们都想要，而且他们不认为获得其中一方面的自由需要以牺牲另一方面的自由作为代价。

营销建议

免于自由和走向自由这一组概念帮助我们从战略高度思考我们作为营销人员可以做些什么。通过进一步的思考，我认为免于自由是逃离的尝试，而走向自由更像是飞行：它是朝着某方向的积极行动。我看到了前文让消费者能够用他们的购买力来获得有关未来的幻想的 12 种方式，可以分为 2 种免于自由的方式和 2 种走向自由的方式。这些方式虽然是不同的，但适用范围足够广，可以用于各种规模的营销工作中。

逃回现实

如果你核对上文所列 12 种方式，能看到第一种方式和第三种方式是对抗大众营销和大规模生产的 2 种方式。它们已经存在了很长时间并且还能继续存在，因为独特而珍贵的物品在数字文化中仍然很重要。在数字文化中，如果不是"大众"的，那就什么都不是。利用你的商店、资金或营销资源，为消费者提供一个机会，让他们能暂时回归到真实的人创造和喜爱的真实事物中，它可以是任何东西，包括技艺高超的工匠制作的独特家具和消费者可以自己动手制作的工具包。

摆脱身体束缚

让我们看看第六种方式、第八种方式和第十种方式。所有数字文化的付费会员都知道身体可能会阻碍一个人。除了极少数人之外，我们的身体可能比我们的网络化身更老、更重、更穷、更缺乏吸引力，身体维护成本很高，且有时大脑只能在完美的身体状况中才能良好运转。如果你有一个数字平台，你能在找到一些方法让朋友组队一起购物的同时，保持自己最得体的、通过数字技术增强后的"最好的"样子。如果你有实体店，请优先考虑将此加入消费者体验设计当中，这样人们就可以确信他们的身体不会成为他们和有趣的事物之间的障碍。

奔向未来

我们从前文的 12 种方式中找到了几种方式。它们是第二种（比如登上宇宙飞船）、第五种、第七种以及第十二种。所有这些都是实现愿望的方式。我们在现在拥有的地球上，继续过着现在拥有的生活，但我们可以让它变得更令人愉悦和舒适。由于技术的快速变革，我们感到自己非常接近未来，并且有一种感觉，认为专属和优质的服务和商品就像是通往未来的门票。宇宙飞船马上就要出发了，人们总想成为登上飞船的第一人。但无论是快递还是鼓励幻想或提供沉浸式体验，即使是很小的商店也可以用小技巧帮助消费者实现愿望。

飞向新的伊甸园

最后，第四种方式、第九种方式、第十一种方式（即让你的生活更美好而不是让你的网络化身看起来更好），我想在这里强调的关键点是，许多人都认为我们已经不可逆转地摧毁了地球，摧毁了社会或我们自己。我们渴望重新开始，希望有第二次机会，去重塑自然和美丽，做出更好的选择，找到个人的，也许是精神上的满足。让过去的错误得到纠正并重新开始的想法很有吸引力。如果你的企业没有将火星变成地球的雄心，我们仍然有几十种方法可以让大家获得重新开始的念头和希望：任何生长和开花的东西、开启新的一天的早餐、新的健身计划等。

练习

人们会幻想未来，幻想未来可能变成什么样子，幻想未来的生活。某些人可能还会有一些可支配的钱去"购买未来"，并将其打造成自己想要的样子。在本章中，我提了许多建议，即便你不是科技巨头也可以采纳这些建议。现在，是时候看看自己的企业，并问自己以下这些关键问题了：

● 你能提供什么真实、正宗或手工制作的产品？开动脑筋打造你的产品、服务或者体验，让它们帮助人们逃离不确定的现实，回到人人用心制作产品的时代。

● 你的目标消费者是如何被他们的身体所阻碍的？是否有人因为认为自己太老、太焦虑或距离实体店太远而未能光临你的实体店或享受你的服务？你能如何让他们成为你的顾客？

● 你可以做些什么来让消费者感受到他们正在享受这个时代的福利？以前他们必须自己做的事情，现在你能为他们做吗？寻找机会，用更好的服务或新奇点子让消费者感到惊喜和愉悦。

● 如果你的目标消费者可以让某事重新开始，那会是什么样？你的商品和服务是否能改善他们的健康状况？如果他们在你这里开了账户，他们是否希望能够删除或隐藏该账户的历史

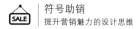
记录？他们是否希望你的数字商店停止向他们推广含糖零食，并向他们推广包含更健康的食品的饮食清单，尽管事实上他们主要订购的还是零食？

列个单子，看看你能做些什么。

第九章

零售的未来

本章内容能帮助你

本章我们将要学会应对未来零售行业快速发展、令人兴奋但偶尔令人恐惧的一面。读完本章后，你将能够：

● 描述一个生态系统，指出它与全渠道营销的不同之处，知道如何在你的经营中利用好这些特点。

● 认可不同的零售策略，正如引领行业发展的科技巨头们展示的那样。

● 将传统杂货店或小型实体店与消费者当今和未来的期望相关联，从而使营销策略经得住时间的考验。

● 开辟电子领域新业务，但要避免犯一般错误，以带来最

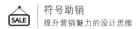
大化的投资回报。

● 设计完全一体化的线上（线下）购物体验。

生态系统

简介

生态系统不只是对全渠道营销的一个新颖的提法，它代表了一种完全不同的零售视角，其目的是让消费者忠实于你的企业和品牌，远离竞争对手。一个"好的"生态系统能让人们尽可能少地走出这个生态系统，在其之内完成所有日常任务。在这种情况下，为了生存和竞争，面向消费者的企业需要在品牌推广上更加努力。如果你的企业规模较小，还可以利用企业人性化的特点打动消费者，这也是生态系统正在努力实现的一个要点。

深入剖析

科技巨头改变了他们涉足的领域。他们改变了医疗保健业、教育业、银行业和零售业等。他们能引领巨变的原因是他们有足够的资本，但更重要的是，在这个他们占优势或者说激活（取决于你如何看待他们）的行业里，他们并不墨守成规。

这使得以零售为唯一业务的传统零售商陷入疑惑和不确定中。一些零售商开始尝试全渠道营销，这也意味着零售商在多个平台和媒体上的营销策略要有连贯性。其他企业则通过模仿实体店风格来设计网店，从而扩展网上业务。这些举措都非常有效，我会鼓励你把它们用好用足。与此同时，面向未来也需要你能吞下一些苦楚。数字时代的巨头们对营销渠道、电子商务并不是很在意，在他们看来，这些是多余的概念。他们关心的是生态系统。

生态系统是一组实体的集合，也可以说是一组企业，它们处于相互依赖的关系中。他们通过合作赚钱，彼此受益。他们的目标是为消费者提供一个完整的生态系统。在这个生态系统中，所有与购物、银行、家庭、休闲和工作相关的问题都可以在不离开该生态系统的情况下得以解决。

中国企业在构建生态系统方面一直处于领先地位。历史上，西方企业界一直尊崇独立、专业和纵向一体化①模式。交通业和零售业不同，银行业与娱乐业也不一样。中国企业最核心的竞争力是他们的盈利能力。这也就是为什么阿里巴巴集团的生态系统不断发展壮大，形成了各种零售品牌（天猫、淘宝、全球速卖通、盒马、来赞达）、支付软件（支付宝）、云计算（阿里云）、娱乐、物流等的商业集合体。

符号学的独特视角

让我们来问一个符号学的问题：我们走进的是什么版本的现

---

① 指与企业产品的用户或原料的供应单位相联合或自行向这些经营领域扩展。——编者注

实，谁会从中受益？你已经可以看到一个设计巧妙的生态系统如何让组成其的企业受益。但是它如何让消费者受益呢？如果消费者日常使用商品和服务都是来自同一个企业，这对他们有什么好处呢？消费者喜欢生态系统的原因是他们讨厌登录其他平台时输入密码。在所有放弃网购的原因中，有三分之一是因为登录平台系统要输入密码，这个事实经常被引用。还有其他因素导致消费者放弃网购，比如要求开设新网购平台账户，或者有运费等购买商品的费用之外的费用，这个费用消费者往往不会计入商品价格中。当然消费者还是喜欢生态系统的，它能帮助扫除消费者和心爱之物之间的障碍，即便有时这个障碍很小。

生态系统的出现改变了零售业态和消费者的购物习惯。一个完善的生态系统会通过激励机制让消费者留在那里。有很多鼓励消费者留在生态系统里的机制，包括但不限于：会员积分，能看到完整的购买历史记录，或者通过留言、评论等方式获取礼品。但生态系统的优点不仅限于此。零售生态系统能帮助营销人员利用大数据了解到，如果消费者买了一双鞋子，他可能会饶有兴致地看看其他同款鞋子并仔细阅读其他消费者的评价。我家里茶叶的消耗量很大，而川宁阿萨姆（Twinings Assam）茶是我的首选。我开通了亚马逊的订阅服务，一部分原因是写本书需要。之后的 3 个月，亚马逊每个月按时给我寄送 4 大盒这款茶。理论上讲，我不会再遇上茶叶短缺，或者需要到外面买茶叶等不方便的情况，它可以自动为你补货。

这种情况对品牌来说是一个问题。乍一看，好像对川宁（Twinings）品牌来说是好事，当然对亚马逊也是好事。但是 2 个因素叠加在一起——大生态系统的极度舒适和方便以及"订阅就不用再烦恼"的自动补货选择，意味着品牌有被合并的风险。当我不再需要为购买哪个品牌的茶叶而烦恼时，这个茶叶品牌就开始失去其独特性了。如果所有的店铺都是亚马逊（京东或者天猫），在这种情况下，不是消费者默认选择的品牌和零售商就要更加努力，让自己的品牌更有吸引力。可能只有 2 个方法：一是在品牌塑造上下更大力气，也就是说打造一个更具特色的品牌，有更清晰的卖点；二是要考虑消费者的体验。

营销建议

在过去几十年当中，我和几十个甚至上百个企业合作过。令人惊奇的是，鲜有企业清楚地知道他们的品牌为什么存续以及他们与竞争对手的区别在哪里。如果你也是这样，那么是时候解决这个问题了。这里列举了 3 个原因来说明为什么要特别关注品牌塑造。

（1）找出自己的卖点非常重要，因为现在的竞争更为激烈，范围更广。不管你是打算单打独斗还是考虑加入生态系统，你都要面对许多其他品牌的竞争，你需要完全确定自己的品牌与其他品牌的不同之处。

（2）一个生态系统要成功，特别是在大型购物节中成功，需

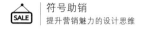

要你制作许多营销视频，为直播创造条件，并确保线上线下相融合。这非常正确，但如果你对自己的品牌没有清晰的认识，不清楚它代表的含义，那么你会像无头苍蝇一样毫无方向。

（3）当你想与较强的竞争对手企业竞争时，建立自己的数字零售平台确实是雄心勃勃的，但这也是可以做到的。易集由仅有 3 人的艾欧空间（iospace）于 2005 年创立，该网站花了数月才被建成。2021 年，易集宣布了到当时为止最大的收购计划：花费 16.3 亿美元收购一家名为箱底潮流（Depop）的二手时装平台。易集的发展也让它面临着挑战，比如有人抱怨该平台允许供应商直接代发货以及存在销售假冒商品的情况。消费者喜欢易集的原因在于该平台上可以买到工匠本人亲自出售的手工制品，但这容易出现一些问题。易集一直都知道这个问题的存在，甚至它刚开始走上销售工厂制品道路时就已知如此。然而对消费者而言，易集的价值在于人与人之间的联系。

消费者喜欢易集是因为它能唤起人们的感情。我曾经在易集上买过东西（礼品、食品、口罩、文具，甚至还有洁厕剂）。以我的经验来看，这里大部分的商家，即便不是所有的，都是生产这些商品的企业，它们特意强调自己是真实的个体，而非冷冰冰的企业。它们通过许多手段达到该目的，比如营销人员会在包裹中附赠一张手写信笺，并在信笺中使用我和他们的名字；赠送预料之外的商品小样（人们会认为赠送意想不到的小样很贴心，在购物柜台中发放小样则让人感觉是一种营销伎俩）；在产品页面，有显得很自然的店铺照片，大概消费者还能据此猜到卖家生活的地区。这些举措营造了一种从真实的人那里购买产品的真实生活和情感。在这个因算法和大数据驱动而使购物更加自动化和冷冰冰的时代，这点显得尤为珍贵。

练习

这里有一张关于生态系统的清单：

● 你的品牌的独特卖点是什么？它与竞争对手商品的最大不同点是什么？

● 如果你计划把你的品牌或者小的零售业务纳入他人的生态系统当中，你能找到帮助你更好展示自己品牌的东西吗？比如，在游戏行业，斯迪姆（Steam）游戏和传奇游戏会定期举办"发行商大促"活动，向玩家介绍发行商的全系产品，这些产品中至少有一个是消费者喜欢的热门游戏。

● 你是否能够把产品或零售业务放到规模稍小的生态系统中？虽然在大生态系统中很好，但是我们也应该到别处看看，特别是它的总部系统出差错时更应如此。小的生态系统管理的品牌更少，能让你的品牌有更多的机会曝光。

● 你可以在你的品牌中加些什么元素，让品牌看起来更真实、个性化和人性化？

小实体店营销设计

简介

假设你有一家传统店铺，有实体门面，店内面积或大或小。里面有传统商店所有的一切：促销的实体商品、走廊、室内固定设施、店内标志牌、收银台、包装材料等。类似大超市的大商店还可能会有手推车、服务台、停车场。在本章中，我会给你一些建议，让你的商店更具未来感。

深入剖析

现在我们来聊聊盒马。它是阿里巴巴的一个零售业务线——主营生鲜业务。盒马的成功得益于它背后的强大生态系统，而它只是这个生态系统中的一小部分，下一章讨论智慧城市时我们再说说这点。现在，我们注意到，这里面有许多面向未来的点子，各独立商家可借鉴参考。

从消费者的角度来看，盒马有什么吸引人的地方？它有 2 个突出的特点：新颖性和选择性。盒马店内采用了新技术，体现了其新颖性。当然，新鲜感很快就会消失，但现在盒马使用的一系列技术仍然给人一种新鲜感，例如使用人脸识别的支付方式和使用二维码来选择产品并将其放入虚拟购物篮结算的方式。

在天花板上也能发现新奇事物：消费者抬头会看到一袋袋货品悬挂在一个单轨上，在商店里四处传输。单轨在那里的原因是每家门店也是一个物流中心。盒马门店付出了巨大的努力，不仅在产品本身，还在消费者购物的方式上为他们提供尽可能多的选择。你可以走进盒马门店，提着实体购物篮，用传统的方式购物，在自助服务台付款结账，并带着你的商品离开。如果你住在距离门店 3 公里范围内，也可以使用该应用程序远程订购，商品将会在最快 30 分钟内送到你的手中。一些商店有现场餐厅，有机器人服务员为你服务。这些创新都是由技术而不是消费者需求驱动的，从某种意义上说，我认为很少有消费者专门要求机器人服务员为其服务。除了新奇之外，我们尚不清楚机器人服务员如何让消费者受益。尽管如此，我们可以看到盒马的目标是用令人兴奋的未来主义设计征服消费者。

符号学的独特视角

即便你做的生意成本不高，科技含量也不高，但我仍然想告诉你盒马的案例。我每天打交道的大部分零售商，采用的都是传统商业模式。这种模式让零售商只会用传统的方式做生意，而且很难改变他们的思维。而零售的新趋势，比如提升消费体验，往往会被这些零售商放入备选方案。通常这种模式是用体验来支持消费行为。那些体验，不管是节庆装饰还是品牌代表发放小样带来的，都是核心行为或交易，即购物，之后产生的体验，目的是进一步刺激消费。

盒马确实让我展开了思考，如果我们要和有创意的零售商竞

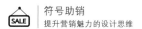
争，我们要用消费来支持体验。如果你看过任意一段有关盒马的视频，你会发现盒马真的很优秀。体验是最重要的，如果你想淋漓尽致地享受盒马带来的新鲜感，办法之一就是在那里不断购物。

这也让我想起了博物馆和其他名胜古迹景区中的礼品店。在那里，体验支持消费的论断并不成立——如果我想要一个恐龙玩具，我可以在网上买一个，而不需要到英国自然历史博物馆去买。相反，在这里是消费支持体验。英国伦敦的自然历史博物馆是个很棒的地方，我可以在那儿见到、学到在别的地方没有的知识。那里很有意思，而且通过使用那里的设施、在餐厅吃饭、在礼品店买礼品，我得到了加倍的快乐。我在写作的时候，有一只迅猛龙模型放在我的书桌上。我不需要它，但是我很享受它在这儿的感觉，它让我感觉一天的辛劳更有价值。

我知道，也许你在商业街开的门店并不是世界级的商店。但是，即使是小型的传统店铺也能从如何用消费支持体验的思维中受益，而不是正好相反。下面我马上给你带来一些营销建议。

营销建议

你可以尝试用以下 7 种方式来用消费支持体验。

（1）商店外部及入口处是适合儿童娱乐的地方。可以放置大弹簧上的摇摆木马，我们还应该做一个成人版的木马，一定很适合成年消费者拍照。

（2）超市手推车是不怎么新奇的、匿名和功能较少的。但在欧美国家，船有名字，公园长椅通常是某人专属的。孩子们将彩带挂在他们的自行车上，并用贴纸装饰他们的教科书。你也可以允许消费者这样做。

（3）服务台通常是商店最赚钱的区域，如果有戏剧元素的加入则会具有巨大的娱乐潜力。意大利食品品牌萨克拉（Sacla）在超市甚至学校食堂安插了伪装成工作人员的歌剧演员进行表演，此举让消费者惊喜不已。

（4）区域、走廊及店内标志牌的作用不仅限于导引。它们还可以作为打卡点：比如我走到谷物早餐区时，可以扫描二维码或给标志拍照，证明我曾到过这里，然后领取奖励。也许打卡完所有区域还可以获得额外奖励。

（5）售货亭等非常小的空间可以为消费者提供更好的互动体验。店主拉吉特·马尼卡特（Rajith Manikath）在伦敦市中心开了一个传统的售货亭（一个开放式小屋）。他售卖零食、香烟和水，同时给消费者一些瑜伽建议。现在"自助机（kiosk）"的新定义是指在快餐店看到的超大触摸屏，你有没有注意到它们不是很好用？做些改变让它使用起来更方便，让你的品牌与众不同。

（6）利用固定装置、垃圾箱和桌子等家具创造一些有趣和不同的体验。你上一次去农场采摘水果和蔬菜是什么时候？英国的园畔（Parkside）农场种植的草莓可达桌面高度，这样人们就不需要弯腰采摘了。

（7）如果设计得好，包装甚至购物袋本身就可以作为珍贵的物品。在我家，其中一些包装袋被保存得很好或很方便拿取，因为它们在一堆物品中特别显眼。我们当地超市使用的购物袋是特别吸引人的粗麻布包，它们的设计都很应景。很长一段时间以来，我一直保留着一个小包装纸盒，里面装着一些软糖，因为我喜欢盖子上巧妙的折叠设计。

如果做得好，以上方法中的任意一种都能赢得消费者的喜爱。如果商店能采纳所有这些建议，那么便能够营造用消费支持的体验。

练习

亲自到你的商店转转，而不是通过数据了解情况。停好你的车，找一辆手推车，拿些商品，排队等候结账。在每个阶段中，不要问："我们可以为这次购物之旅带来哪些积极的消费者体验？"，而要问："我们可以提供哪些东西来提升到店体验？"如果你真的想与新一代商店竞争，这种思维方式可以帮助你创造性地思考问题。

扩展网店业务

简介

也许你有一家实体店或者连锁店。因为其他人都已经开展线上业务了，你认为你也需要开网店来拓展线上业务。本节为电子商务的运营提供实用的建议。如果你感觉自己雄心勃勃的话，可以再增加一些创意。

深入剖析

我将讲述一个故事，这个故事分为 2 个部分。第一部分我相信你会想听，因为人们总会问我这样的问题：

● 我们的网店应该使用什么样的文字、图片或者符号呢？

● 我们想制作一个 15 秒的宣传视频，放到类似 Instagram 这样的社交媒体上使用。视频里应该包含什么内容？

● 我们怎样才能让自己的平台像亚马逊那样好？

这些问题都有答案，我们都可以讨论，但是这些并不是面向未来的问题。事实上，大部分的零售网站运营都相当不错，因为它们几乎是根据相同的原则来设计的，所以它们的结构非常相似。这些依照惯例而非必要性设计的结构，完全仿照实体店。登录页面就是商店的橱窗，产品列表页俨然就是超市货架或者店内固定设施。产品实拍图的缩略图整齐排列，让消费者可以通过浏览缩略图来选择他们想要选择的商品。产品页面则可以看到产品的细节，虽然在实体店很少有人会注意这些。然后就是结账，很明显与实体店的模式相似，都以"交出"购物篮和付款结束。

电子商务网站的外观都非常相似，都有吸引眼球的图片和令人愉快的动画。但是我并不会从这些网站上购物，因为网站吸引人并不能让产品本身更有吸引力。过去几年，我在一家英国网店消费了几百英镑，但它的网站做得非常差。主要原因是它的登录页面非常杂乱而且不美观。即便如此，我仍然愿意在那里购物。这是因为它们的品牌故事很吸引人，客户服务很棒，而且我总能在这里发现新产品。实际上，这是新冠肺炎疫情暴发期间最成功的零售网店之一。我不会在这里点出它的名字，只是想请你注意，想要在电子商务领域取得成功，就不能千篇一律。

符号学的独特视角

符号学要求我们使用数字元素。明确为消费者服务的理念，而不是出于与竞争对手保持一致的需要。以下是它的一些示例。

（1）给消费者设计一些活动，激发他们的合作精神，而不是仅使消费者被动地查看商品后再将其放入购物篮。我最近从一家名为"电脑专家"（PC Specialist）的英国企业订购了一台个人电脑。其实让电脑看起来吸引人，并没你想的那么困难。网站的登录页面有相当一部分的彩色图片，画面正中央则是几个按键。消费者除了被动查看图片之外，还可以在网站上做些其他什么事，比如"给手提电脑选配置""给服务器选配置"。当然，所有设计最终还是以促进销售为目的。消费者按下"配置"键后就可以开始问答了，它代替了消费者与实体店售货员的对话环节。这个设计还是挺有创意的，且极其简单，让我们这些不是每天都接触电脑设计的人免于做技术性太强的决定。

（2）讲故事。大部分的电商平台不会讲故事，正如一些专家指出的那样，"今天所有的电子商务都是靠搜索完成的，但你无法通过搜索找到故事"。人类本身就喜欢故事，某些人类学家认为讲故事才是人类最核心的特质。一个好的故事能让人们成为你网店的回头客。

在上一章，我提到爱从前公司的故事，它巧妙地用人情味包装二手毛绒玩偶（要不然这类商品会很难卖出）。另一个用故事包装的电商平台是一个有关内容创建者的线上商店，这里面的人全都是"真实"的人，使用的是日常用语。

我有一个朋友是狂热的象棋迷，并特别在 YouTube 上关注了一个制作象棋相关内容的视频创作者。虽然这名创作者接受"捐赠"或"打赏"，但是我朋友从未这样做。但当创作者的商品页面出现时，他买了一件 T 恤和一个马克杯，它们的价格要高于超市中不知名品牌的商品。用他的话来说，购买 T 恤和单纯"捐赠"或"打赏"的感觉不太一样，因为这种行为它让粉丝在支持喜爱的内容创作者时感到心甘情愿，且认为这是一个"真

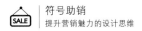
实的"交易。

故事和产品可以共同提升彼此的价值。人们不会总是为了一个好故事而购物，但如果你有一个好故事和一些好产品，这个故事就会有助于产品销售并让人们一直回购。

（3）把商品带到消费者面前，而不是等着消费者来找你。你可以在 Instagram 帖子里设置"马上买"的按钮，让大家能"购买"这些帖子中的物品，这是一个很好的例子。人们之所以愿意花时间在 Instagram 上逛，是因为他们喜欢那里。人们并不想有目的性地在社交平台上购物或者"逛街"，人们到浏览社交媒体只是为了放松享受。你的职责就是在他们感到快乐的瞬间抓住他们的点，然后促使其购买商品（通常是特别的物件）。这是一种思维方式的转变。随着数字文化的发展传播，购物已经不再被作为一项单独的活动，而是日常生活的内在特征了。你无须去特意执行购物这一动作，它是独立且持续存在的，就像时间和天气一样。

营销建议

如果你在本节中一直在等待的是一些简单、易于使用的规则，且这些规则能帮助你以传统方式取得成功，那么以下就是这些规则。

登录页面

传统网店是一家理想实体店的网络复刻版。登录页面就相当于商店橱窗。你不会随意在橱窗上放一堆包裹，让橱窗杂乱无章。商店橱窗通常只会简单展示商品，用于体现品牌特点或在消费者进门时向他们传递有关信息。之前我提到过萨克拉这个食品品牌，此品牌美国版网店的登录页面就完美地体现了这点。首先品牌标志大而清晰，颜色诱人，配图中的蔬菜很好地传递了萨克拉产品的诱人一面。展示的产品仅有 2 个，而不是整个系列的所有产品。设计整体力求平衡，为的是刺激消费者对味道的联想和情感，而不是用大量的信息"轰炸"他们。

语言

在整个网店中，尽量使用通俗语言（这个建议也适用于实体店），使用消费者而非专业营销人员使用的单词和短语。一家知名糖果品牌在其网店上用的都是消费者根本不会使用的商业用语。对于我们这些从事营销的人来说，专业的商业用语会影响我们的思维和说话方式，却会使我们的品牌与大众产生距离感。通过考虑消费者的需求以及他们如何思考和谈论这些产品来缩小我们与消费者之间的距离。当真正影响他们决定的是薄荷糖、软糖和巧克力之间的区别时，人们不会太在意糖果是装在袋子里、罐子里还是其他容器里。同样，"礼物"这个词很通俗易懂，但"礼品装"这个词就变成了一个商业概念。"节日快乐"比"庆祝场景"效果更好。

产品页面

关于产品页面，我给你的最好建议之一就是利用好这个空间，告诉消费者你所知道的他们关心的产品信息，当然这些信息是通过消费者反馈或者市场调研获得的。亚马逊在这方面做得很好，它在服装标签上会标注"准确尺寸"，让消费者知道产品页面上的尺寸符合其预期。点击标签可以看到柱状图，上面可以看到认可这个尺寸准确度的消费者人数以及一些有用的消费者评价。这解决了消费者在网购时容易遇到的一些问题。此外，消费者经常遇到的问题还有：不知名品牌对衣服材质含量给出虚假信息；电子书充斥许多与内容简介无关的内容；消费者在网上从海外购买产品，往往会被突然征收关税。

视频

你是否正在考虑为利用社交媒体宣传产品而制作 15 秒的视频？视频的好处之一是能够捕捉移动的东西。从展示最终结果开始（一盘食物、一个佩戴手工珠宝的人、一张令人赞叹不已的图画），然后用好 15 秒里的大部分时间来展示物品是如何被制作或使用的。

商品图片

为了便于识别，商品图片需要清晰明了，这一点许多人已经知道了。我简单地补充一点，在不同的文化中商品图片的设计方式可以有所不同。虽然西方网店的列表页面通常只显示一系列近景图片，每个近景图片周围都是空白；但在天猫等中国网店上，通常用彩色边框包着近景图片，还配有文字，文字内容通常是价格折扣，或传达其他有吸引力的信息。这在使用中文（以及日文和韩文）的网站上是可能的，因为此类字符传达了大量信息，且与西方使用的罗马字母和英文单词相比，此类字符不占用太多空间。如果有可能，请利用好这种优势。

你可以在第十一章阅读更多关于网站设计的内容。

练习

如果你拥有传统的线上业务或计划使用现成的架构开设网店，你需要将你的网店或计划浏览一遍，确保其中有以下元素：

● 吸引人的首页，有颜色和简单的图像向消费者传达你的品牌特征。

● 使用消费者常用的，而不是商界常用的词汇（除非你所在的业务模式是B2B，即企业对企业的电子商务）。

● 提供消费者需要的产品信息。

● 使用视频来记录移动的事物（可能大家都知道这点，但仍需要说明），并充分利用好设计中的地方性和文化间的差异。

● 让消费者以合作者的身份参与进来，讲好故事，并将购物机会带给他们，让他们自行决定，而不是替他们决定如何使用这些机会。

设计一个完全融合、有创意的消费者体验

简介

传统商业模式、实体店往往需要你找到特定目的或有些需要传承的东西。如果你的企业没有被这些传统商业模式、实体店所牵绊，那本节内容一定很吸引你，可能是因为你的企业是初创企业所以输得起，也可能是因为你的企业财力雄厚，已经为挑战大零售商做好了准备。

深入剖析

在这里能聊的话题很多，但让我们先讨论电子商务的工具之一——直播。

如果你是一家中国零售商，你无疑已经意识到直播的重要性，但西方的企业——即使是大企业——仍在使用直播营销的初级阶段。

你可能会对一个直播带货达人的日收入感到震惊。如果你看了李佳琦的视频，你会更加震惊。我在写本章时，也在看李佳琦卖驱蚊水。他坐在桌子前，面对着几个镜头在介绍驱蚊水。许多消费者关注直播带货达人的部分原因是他们自己也想成为这样日进斗金的人。

要想知道最成功的直播带货达人是如何日进斗金，如何拥有那么多粉丝的，来看一看反面例子总是很有用的。发展较晚的

"西方版直播带货"（我不会点出它的名字）让主播站在镜头前，希望达到类似的效果，但结果往往令人失望。就如其他普通消费者一样，他们会站在镜头前拆开物品包装盒，在 YouTube 上"业余"地分享开箱视频或进行好物分享，但是他们通常都会因为无法成为直播带货达人而失望。下面列举了李佳琦的特点：

● 李佳琦在镜头前很自信，一点儿也不害羞，与镜头（观众）有许多眼神接触。西方直播带货达人看镜头的时间相对较少，这就会让他们看起来很害羞且不自然。他说话很流畅，不会结巴或表达困难。

● 李佳琦直播视频上会显示有图案的用户界面。其中一个心形图标能让你投票是否喜欢李佳琦或他的表现以及了解有多少观众与你想法一致。表面上看，这是对于他受欢迎程度的衡量，但实际上这个心形按钮是对他外在魅力的投票键。许多西方的主播尤其不喜欢打扮自己。他们直播的背景也非常杂乱且与视频内容无关。

● 李佳琦的直播中有专业级别的灯光、镜头，而且保证直播不会因为技术原因而卡顿或中断。相比之下，我观看的西方直播画面模糊，经常中断，这影响了直播带货达人的直播效果。

● 中国的直播带货达人在直播时很擅长和观众打招呼并回应观众的问题（观众评论会实时在屏幕中滚动）。相反，在视频中向人们推销床垫的西方直播带货达人根本不会回答我——我是这个主播仅有的 4 个观众之一。我必须强调一点，我并不是因为这个可怜的美国主播看起来很失败所以故意刁难她，而是因为这个电商平台仅有的 6 个主播都不怎么好，而她是其中之一。当时是伦敦周六的下午 1 点，这就是西方世界最大、财力最雄厚的电商平台之一推送给我的直播节目。

符号学的独特视角

到目前为止，我对直播带货达人的所有评价都是从技术层面出发的理性观察。如果说直播带货达人的表现尴尬、布景破旧、镜头不聚焦导致产品卖得不好也值得一提，那是因为这是西方电商业几乎每天都会出现的问题。除非不再出现这些问题，否则西方的直播业将无法与中国的直播业竞争。

现在，我想用一点符号学知识深入地聊聊一个制作精良的直播如何让消费者和零售商都受益。我们之所以在本节中举直播的例子，是因为直播特别能体现线上和线下体验的相互融合。消费者只想过好自己的生活，比如娱乐消费、做决定、享受社会关系、掌握技能、逃离忧虑和责任，在想要鞋子的时候可以通过自己的双手尽快拥有它。他们并不关心渠道的事情，而我们营销人员和零售商需要设计消费机会，但不能逼迫他们去考虑，或者甚至意识到线上和线下的区别。

在这里告诉你一个好的直播是如何将线上和线下 2 种渠道融合的：

● 在直播中，消费者能直接与直播带货达人互动，这种方式的优势是电视节目或者广告无法相比的。你可以问问题，他会回答你。直播带货达人有魅力且有影响力，并且粉丝可以在直播中得到主播的个人关注（虽然时间很短）。粉丝通常会通过现金打赏来听到自己仰慕的主播感谢他们并提到他们的用户名。许多研究消费者文化的专家指出，这种单方面的关系也是准社会关系的一个例子。我们在前文提过准社会关系。

● 直播是实时播放的。这也能让消费者更"接近"主播。我们鼓励消费者去"关注"特定的主播，而后成为他的粉丝。关注某个主播意味着你在他们直播之前或直播时会收到直播提醒。如果你没有收看过直播，那么我建议你去试试。这与看录像的感觉完全不一样。直播带有即时性，让你与真实的人亲密互动，特别是主播靠近镜头时，你在一个只有主播和粉丝的半私密虚拟空间中收看直播，这种感觉很美妙（换句话说，它与观看电视节目的体验完全不一样）。

● 一个完善的生态系统才能呈现成功的直播。这意味着消费者无须离开生态系统就可以查看产品细节、下单购买。这意味着你无须离开直播间，去到别的网站，或者输入密码或信用卡号码。主播的工作就是让你产生欲望，而零售商的任务则是在尽量减少混乱或出现延误的情况下让你"梦想成真"。

当消费者文化演变到现阶段，可以毫不夸张地说，相比线下，人们更愿意在线上消费。线上消费舒适、生动、令人激动，充满

着人们喜欢的明星和吸引人的产品，而且几乎不费体力，只需要你
有一张有效的银行卡即可实现。我们只要在网络世界里，就能得
到现实中的物品，这说明我们已经将网络世界和现实世界融合了。

营销建议

不管直播是不是你的"菜"，这里有几条策略可以帮你满足
消费者相同或相近的需求。

模糊线上与线下的区别。如果你的零售业务主要在线下，考
虑一下如何运用技术和数字化来提升线上业务。我们将在下一
章中讨论智慧城市相关内容，届时我们会讨论增强现实技术的
力量。如果你的店铺或者业务主要在线上，考虑一下线下展示活
动，这也可以让消费者感到振奋。亚马逊无人便利店（Amazon
Go）就是这样的商店，它让单纯的电子平台变成了出现在现实中
的实体店。主题公园也是采用类似的理念，把"哈利·波特""辛
普森一家"等知名 IP（知识产权）植入娱乐活动实体。

对许多人来说，如果购物能有社交功能，这种体验是非常开
心的。思考一下你该如何为人们提供现实的甚至是亲密的体验。
可以利用技术帮助人们在远程的情况下也能一起购物，一起吃
饭，一起探索；或者是在实体店和网店上同时举办直播活动；也
可以是让消费者有接触到平日不可能接触到的某事物或某地的机
会。道格·斯蒂芬斯（Doug Stephens）在他的书《零售业复兴》
（*Resurrecting Retail*）中解释道，博柏利（Burberry）是如何在新

冠肺炎疫情暴发期间成功吸引 40 000 名消费者参加线下时装秀活动的。博柏利使用了推奇（Twitch），一个亚马逊旗下的流媒体平台。该平台原本只专注游戏业务，但由于它的月活跃用户数达到了 1 亿多，现在也吸引了许多非游戏品牌。

寻找机会营造"沉浸式"环境。"沉浸式"这个概念对于游戏玩家来说并不陌生，但对于大部分零售商来说仍是一个新概念。沉浸式指的是心理上对某事的完全投入，对所在圈子外的任何事物都不由自主地忽略。事实上，当超市等传统零售店集体决定在店内不安装窗户和钟表，不允许自然光透入时，他们的举动就体现了他们对沉浸式概念的认可。这样做能让消费者忘掉店铺外面的世界。如果你觉得这像是在操控他人，我同意这个观点，因为消费者并没有要求店铺这样设计。当消费者自愿沉浸的时候，就是另外的事了。想想是不是有许多游戏玩家、读者、创意艺术家都在寻找沉浸感，只要沉浸在某件事里面，外面的一切干扰就会消失。假定待在购物、游戏和阅读的圈子里本身就很愉悦，这也是自己的选择，那么沉浸感意味着人们可以逃离现实的苦恼。

练习

这是我给你设置的一个大挑战，来结束本节以及本章。这是一个临时的思维实验，请尝试放弃"渠道"的概念。

　　如果你或你的企业已经用尽了时间和资源，仍然不知道如何通过多个线上和线下渠道（例如实体店、售货亭、第三方经销商、品牌电商网站等）吸引消费者，请休息一天。毕竟，消费者不会花时间思考渠道的事情。利用这一天来思考消费者实际上想要什么，例如令人满意的人际关系和想要摆脱日常生活的痛苦。

　　当你清楚他们想要什么以及他们想要达到什么目标时，问问自己，你的品牌或产品如何才能为他们更好地服务。如果你能够在涉及满足消费者需求的部分取得成功，你可能会发现渠道的问题会迎刃而解。

第十章
新事物的未来

本章内容能帮助你

这是与未来有关的最后一章。我们已经解决了一些大问题，比如行为期货市场、去中心化经济、准社会关系和生态系统。从某种意义上来说，这些都是"未来"的事物，因为它们引领着零售业的变革，同时它们也是存在于当下的事物。

接下来，我们将用长远的角度来探讨刚出现的事物。它们是令人却步还是令人振奋，取决于你的看法，但是我们都需要针对其事先做好计划。读完本章，你将能够：

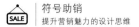

● 设想谁可以在未来的零售店工作以及如何充分利用他们。

● 当智慧城市不再是例外，而是普遍存在时，预测零售业的未来。

● 了解人类本身是如何发展的，并预测零售商满足未来人类需求的方法。

人才

简介

众所周知，传统零售业正在萎缩。在西方，许多百货商场已经歇业。当大商场消失的时候，那些需要依靠它们吸引消费者的小店铺也会随之关闭。商业街和市中心越发人烟稀少。北美的商场，在 20 世纪 90 年代至 21 世纪初，曾经是大众文化中心，但现在越来越多这样的商场关门了。这种现象背后有许多原因，包括但不限于电子商务的兴起。西方的商业作家称之为"零售业的末日"。而在个别区域，由于旅游业发展以及某部分人还是用传统方式而非使用电商平台购物等原因，结果则不尽相同。尽管如此，世界上几乎所有使用传统零售方式的地方都受到了影响，这不可避免地会导致失业，并且这些影响会至少持续到零售业未来已经完全定型为止。

在上一章中，我建议可以采取一些措施来吸引消费者到实体店购物。本节中，我们要讨论的是员工——你需要什么样的人才，他们可以胜任什么样的工作。

深入剖析

世界经济论坛创始人兼执行主席克劳斯·施瓦布（Klaus Schwab）著有《第四次工业革命：转型的力量》（*The Fourth Industrial Revolution*）和《后疫情时代：大重构》（*Covid–19:The Great Reset*）2 本书。在谈到科技进步时，他没有回避那些让劳动人民担心的问题。数字文化会带来自动化，这就意味着包括零售业在内的各行业会出现失业。这个趋势很容易就能被看出来。亚马逊无人便利店无须聘用收银员，补货、商品种类管理、店面管理都可以采取全自动和半自动的方式进行。未来，零售商聘请的员工数量会更少，那些留下来的员工需要有很强的适应能力，并且有多项技能。管理者需要人才，施瓦布称这些人才为企业在瞬息万变的世界中"最重要的新兴竞争驱动因素之一"和"战略优势的主导形式"。

未来主义者、零售作家道格·斯蒂芬斯曾预测新一代的零售人员将会是品牌大使。他们将会是"品牌产品的超级用户，品牌信条的忠实信徒"，是建立关系以及运用最新科技来吸引消费者的专家。未来的实体商店将会是一个展示中心和娱乐中心，里面的员工将是表演者。他预测这些员工的报酬会很丰厚，看到这里的时候我停了一下。如我们在上一章看到的那样，李佳琦在2019年的"双十一"购物狂欢节当天日进斗金，原因是他能与数以千万计的消费者直接沟通交流。他的当日收入是传统实体店的销售所无法企及的，因为它们只能一个个地接待到店的消费者。

对于零售行业管理者来说，以下这些似乎是他们的挑战。首先，你必须吸引人才：自信、风度翩翩的多技能人才，喜欢科技的品牌大使。其次，你必须要留住他们。替换一个知识渊博、技能高超的员工可比替换一个保洁员工要付出多得多的成本。再次，这也是其他商业作者未曾讨论过的内容，那就是当这些人才同意在你的店里工作时，你必须向他们支付他们的机会成本。也就是说，如果他们像斯蒂芬斯提到的那样优秀，我们必须要问：他们明明可以在外面打拼或者在家里做一名原创内容创作者，发展自己的事业，为何要在一个你的店铺里为你工作呢？你怎么能让他们心甘情愿呢？这将如何与他们在你的店内销售活动中为你的业务产出的利润相提并论呢？

符号学的独特视角

我想指出，在第四次工业革命中，即技术和数字革命中，零售工作以及零售业的消费者都出现无人化趋势。

零售工作的无人化趋势是直接、很明显的，比如收银员、理货员等逐渐被自动化机器取代。另一个没这么明显但仍真实存在的，就是消费者的无人化趋势。上一章提到盒马。在盒马的某些店铺中，你坐下后可以看到一个小机器人为你送来餐食。目前，机器人给人带来巨大的新奇感，只要店里有机器人就能吸引许多消费者到店。企业面临的挑战是消费者的新鲜感总会褪去。对消费者的挑战则是无法与人交流最终会让人感到失落。想象一下，你是独居人士，整天自己在家做些审稿或者校对的幽灵工作①。在这种枯燥的环境下，你打算出门去一趟餐厅。餐厅里是机器人服务员，虽然看起来很吸引人，但是这会取代你和人类面对面接触的机会。

事实上，我们也是用了很长时间才造就今日的状况。在上一次文化升级中，购物的产业化让消费者饱受挫折。赫伯·索伦森指出，人们逛着商店却不认识店主，员工离职后很快被替换，消费者被"要求"从货架上挑选自己要买的产品，自己在自动收银台结账。一些年龄大到可以记住曾经的购物体验是什么样子的人特别倾向于认为运用仓库式购物的模式是一件坏事。

因此，我建议，除了为没有特殊需求和渴望娱乐的成年人提供设计多样的增强现实和虚拟现实体验，我们还可以设计员工角色，重新引入零售业过去最好、最人性化的元素之一。零售业面临的挑战将是在不歧视消费者的情况下提供满足其需求的人性化服务。

---

① "幽灵工作"泛指在线上任务平台承揽企业外包工作的个体劳动者做的工作。——译者注

　　随着居家办公的时间增多，对于可带孩子去玩耍的场所的需求变得更加紧迫。随着贫富差距的扩大，城市开始出现禁区，通常在长期居住于城市的居民周围。街头犯罪现象增加，老人害怕出门——这就是富人愿意住在封闭式社区的原因。我想知道智慧城市需要多长时间才会演变为封闭式城市。

　　自从泰坦户外广告公司（Titan Outdoor Advertising）被德高集团（JCDecaux Group）——我的另一个长期客户——收购后，我曾经为前者做过一个民族研究项目。该研究的目的是将购物中心广告位与户外路边广告位（例如公共汽车站的广告位）进行对比，找到购物中心广告位的价值。我花了很多时间与消费者一起穿梭于商场和大街。一位女士明确地描述了她在商场里获得的安全感，她的描述代表了许多人的心声。"我在那里可以安心拿出我最好的手提包。"她说。商场有摄像头和保安人员，感觉像是一个安全的环境。

　　未来我们可能会看到安保严密和社会专属的购物中心。从社会信用体系的延伸来说，如果人们未能达到预先设定的行为、诚信和经济稳定标准，可能会被禁止进入购物中心。

营销建议

　　是用机器人取代所有零售人员，还是等到在经济情况允许时再作打算？让我们通过比较前几代零售业的优缺点来换一种方式思考。这可以在现在帮助你为消费者提升价值，而不会让你因为试图向前跳几步进入未来而分心。在实体店购物有什么优点，有哪些方面不如我们以前知道的那么好？

● 优点：购物中心、市场、传统商业街是有着现成活动的地方。人们选择和朋友、情侣、家人在那里社交，度过美好时光。某些主题公园和度假村在场地利用方面很有一套：员工看到迷路的、需要进行某类活动的客人时会引导他们去到对应的地方。请注意，此举并没有强迫客人去购物的意思。

● 缺点：和孩子一起逛街让人感到压力很大。雪莉·特克尔曾经说过："孩子会一直缠着你。"这对父母来说非常痛苦。接受过有关如何与儿童相处的培训的零售员工可以让有孩子的消费者的购物体验变得完全不一样，可以大大缓解他们带孩子的压力。

● 优点：在商场里，父母可以让青少年单独行动。商场是一个相对安全的环境，给尚未成年的消费者提供足够的空间和自由来选择和探索商品。建设相关设施可以使父母和青少年都从中受益。商场里随处可见安保人员，他们受过培训，可以及时发现个别人在未成年人周围表现出的可疑行为。

● 缺点：在老式的仓储式商店里，购物很无聊、重复、乏味且费劲。消费者需要自己拿商品和结账。自动收银台减少了排队现象，但它会经常出现故障，以这种方式增加我们的挫败感。许多消费者更喜欢人工服务，并没有要求将其替换为更短的队列。这里有一个问题：为什么不能将自动收款功能设置在工作人员的手持设备中呢？一旦消费者表明准备离开，为什么我们不能在商店的任何地方为消费者结账呢？

● **优点**：曾经人们是有可能与店主及员工建立人际关系的。当购物变得远程和自动化时，这种可能就会丧失。与此同时，个人主义社会中，尤其是在老年人群体中普遍存在孤独和孤立情况。我在和英国连锁超市莫里森超市（Morrisons）合作时就知道，老年人真的很高兴有机会与工作人员聊天。我甚至遇到了一些老年人，自己编造需要帮助的理由来和工作人员交流。请通过保留和奖励既了解消费者又了解业务的员工来维护这些人际关系。

● **缺点**：便利性总是可以提升的。对于各种消费者群体来说，商店总是令人不知所措、困惑且不够便利，这同样适用于实体店和网店。考虑一下，如果你未来可以聘用一些能够提升便利性的零售员工，那么你的业务和品牌可能会因此受益，这样我们会在未来做得更好。

练习

将来，你的零售业务将聘用更少的人，因为越来越多的零售工作可以实现自动化。自动化和效率提高可以为企业节省资金，但会带来人性化的缺失。消费者是人，他们的生存依赖于与其他人的社会接触。

列出让消费者在真人互动中受益的所有方式。必要时使用市场调查方式。不要忘记询问员工是否对消费者需求有了解。找到在商业模式中引入或保留其中一些交流互动，却不会因需要向优秀品牌大使支付高额工资而出现财务问题的好方法。

智慧城市

简介

智慧城市在全球各地建立，从长远来看，它最终将很有可能成为常态。它与盒马这样的先进数字零售店以及阿里巴巴集团这样的生态系统很相似，因为它们都收集人类行为数据，并涉及物联网。智慧城市不同的地方在于，它更多地受到政府控制，涉及领域多为交通、公共设备、执法等公共服务领域。智慧城市的兴起会改变零售行为发生地的经济、文化格局，所以零售商们必须为此做好准备。

深入剖析

新奇的智慧城市给财力雄厚的科技企业展示创意的机会，对公众和商界来说也令人兴奋。其中一个例子就是目前仍在建设当中的日本丰田集团"编织之城"。通常来说，这些城市很新，都是智能化的城市。这种城市本身就是一个生态系统，或者当它有投资者或合作机构时，它就是更大的生态系统的一部分。这种城市很新奇，因为它们科技发达，这能让消费者兴奋，我们营销人员也要思考应该如何去适应它。

"编织之城"建成后，可以容纳约2000人。居民主要是丰田集团的员工及其家属以及其他受邀者。该城市采用自下而上的设计，将先进的技术和服务融入城市的基础设施建设中。地下空间是定制的，作为（"清洁能源"氢）能源、水和货物运输的通道。地面交通已经被重新规划，设计有3种不同的道路，配有无人驾驶车辆道路以及大量的树木和绿化带（这些改善了人们的健康状况、社会凝聚力以及环境）。房屋光线充足、通风良好且温度可控。它们既是应用新技术的住宅，又是测试中心，这里可以监测居民的健康状况。诸如倒垃圾和做饭之类的家务尽可能实现自动化。

更普遍的智慧城市可能就是你居住的城市。也许你可以使用智能手机支付停车费或公共交通费；也许你可以使用身份证或密码让自己进入当地的图书馆、公寓楼和健身房；也许你所在城市的某些区域可以通过传感器使灯亮起来，当公共街道照明也应用这种技术时，就可以实现节能。

这种城市更为常见，因为大多数智慧城市不是通过自下而上设计来展示技术优势的新城市，而是逐渐变得智慧的现有城市。通过引入各种小变化，经过积累，现有城市会变得更智能。而当有独立系统加入时，现有城市就演变成一个完全智能的城市。随着城市变得更加智能，现在城市的优先事项包含了疾控、保障性住房、减少污染、网络安全（城市所依赖的强大系统必须能够承受和抵御网络攻击）以及使城市总体上更"绿色化"、更完善的交通系统城市。

符号学的独特视角

一些商业作者和行业专家对智慧城市是否会成为向公众承诺的乌托邦持保留意见。如果在这里不承认这些观点就是一种疏忽。如果有人想批评智慧城市，认为这是社会的一个特征和我们自己发展的结果，那么智慧城市会造成的问题并不难预测。首先，享受所有这些好处将需要个人接受社会和大数据的监视。这是给个人和家庭层面带来的第一个明显的负面影响。当智慧城市运行所依赖的技术大部分由私营企业投资时，谁才是真正控制智慧城市的人？如果政府与私营企业开展合作或发生冲突，政治和经济会怎样发展？最后，随着智慧城市的发展，符号学迫使我们思考谁将被排除在外，谁将被包含在内。数字化的城墙可能会出现，将不受欢迎的访客牢牢挡在外面，其效果不逊于实体墙壁，会让城市成为大型封闭式社区。

这些批评观点很重要，因为它能让我们与符号学分析的对象保持一定距离。这些批评观点是分析的起点而非终点。除此之外，我们还必须注意文化差异。大部分甚至全部的智慧城市计划都会以某种方式对社会或社区有益。但是不同文化对"有益"的解读不同，这也会给你相应的启示。以下是一些例子：

● 日本是一个拥有大量老龄人口的集体主义社会。德口宗司教授（柏叶都市设计中心主任）曾做出以下描述：

"人口老龄化带来许多棘手的社会问题，比如人口流动、医疗、劳动生产力、本地社区或郊区社区的贬值……5.0 版本社会强调在解决社会问题的同时保持可持续发展和经济增长。"

● 在迪拜，"有益的社会"会把法律和秩序摆在首要位置。该城市使用机器人警察来提升城市的执法水平。机器人警察穿着迪拜警服，还能行军礼。它的内置摄像头和软件可以将人脸与警察局数据库数据进行比对，识别、记录车牌和预测风险（即还没有发生犯罪行为但有发生的风险）。

● 在美国，当某样东西变得更高效时，通常人们就会认为它变得更好。在美国的许多城市中，人们往往会把城市交通管理放在首位。在诸如华盛顿、匹兹堡和波士顿等许多城市的智慧城市项目中，都会运用交通监测技术来管理交通流量，从而减少堵车现象。此举能减少司机堵车时的等待时间，还能减少空气污染，因为汽车熄火时引擎不工作，堵车等待时，不熄火汽车的引擎仍会工作，让汽车排出尾气。

我之所以点出文化差异，是因为它让我们认识到"对社会有益""对社区有用"是相对性很强的词语。当零售商和营销人员认识到要把当地的实际情况考虑进去时，他们就能更好地对未来做出设计、计划。所有国家和地区都希望建设他们心中认为的更美好的城市。

营销策略

零售商认为的"智慧城市"及其优点仅局限于让"购物更方便"。如果你将它打造成有益"社会"或"社区"的项目，那么你需要得到和政府合作的机会。比如，使用空域的许可权和执照。一旦成功，该策略就能让一些已经申请专利的设计变为现实，比如"会飞的仓库"和蜂巢形状的建筑。蜂巢有非常多的出入口，可供快递无人机进出。同时，在中国，盒马商店能使周围3千米范围内的消费者享受速递服务。但是，它的基础理念更为宏大。正如一些商业分析师所描述的那样，它的理念是基于阿里巴巴便利的综合服务，建立阿里巴巴所说的3千米"理想生活圈"。此举的目的是让消费者更进一步融入阿里巴巴的生态系统。这个生态系统包含购物、娱乐和其他支持日常生活的服务。

我的第一个建议是利用任何你可以找到的技术和商业伙伴使得购物更便利。我们知道消费者的痛点在哪里，除非他们自愿等待，否则他们是很讨厌等待的。如果需要输入密码，他们会放弃购物。停车费可能会很贵，带孩子会很费劲。要是他们知道他们喜欢的东西是什么，他们就不会错失这个东西，就不会带着他们并不想要的东西回家。在这点上，我建议你使用日本人的解决方案。日本最新的城市设计对那些经常被忽略的群体很友好，比如行动不便的人、社交能力不强或经济有些困难的人。从某种意义上来说，可以从道德和社会责任的角度来"帮助人们购物"，因为在某种程度上，人们需要物品，但并非每个人都能够轻易获得生活必需品。

我的第二个建议是，在你开展零售业务的主要城市中，确定"更好地造福社会"或"帮助社区"的含义。一切都是为了提高效率、节省成本吗？可持续性发展重要吗？当地主要任务是解决医疗、养老等社会问题吗？是否与民众参与基层治理有关，例如首尔的"每个公民都是市长"的理念？根据当地定义的标准，看看你的零售业务实际上能做些什么来帮助塑造更好的社会。

现在重新审视你的想法，看看它们是否合适。也许你有这样的想法，即你的快消品品牌可以通过推出一种食品的低盐版，并在固定标志牌上标注清楚这一信息，以便人们可以找到它，从而使消费者更便利。如果你开展业务的地区的文化重视效率，请将该产品与其他低盐产品放在一起展示，并解释它们的作用，例如它们"有益心脏健康"。如果你开展业务的地区的文化重视可持续性，那么在谈到健康的本地食材时可以提及减少盐分，这也是一个很好的营销策略，你或许还可以与农贸市场合作。如果你开展业务的地区的文化重视社会和谐和关怀，请开展一些营销活动来显示你是如何设法将低盐、有益心脏健康的产品提供给希望获得健康的人们。像这样的信息在店内和店外皆可重复使用。正如商业分析师所描述的那样，理想的情况是线上和线下协同工作，共同提高品牌认知度并在消费者深入地与品牌、商店或平台互动时奖励他们。

练习

当你继续思考智慧城市中的店面时，这里有 3 个符号学知识可供你参考。

● 你可以在自动售货机中放哪些东西？如果我们可以放汽车，我们就可以放任何东西。从自动售货机买汽车显然很新颖、很有趣，这无疑使购物成为一种更愉快的体验。如果你能知道如何让购物或使用变得更有趣，请不要犹豫围绕某产品设计一台机器。世界各国的年轻消费者从 20 世纪 90 年代开始收集佩兹（Pez）糖果盒——一个装着小糖果的棒状塑料盒。糖果盒对于消费者的吸引力超过了糖果本身，但必须购买糖果来填满糖果盒。我的观点是，即使你实际上能做出的改变是调整快消品包装，你也可以从设计自动售货机一类的改变中受益匪浅。

● 《宝可梦 Go》(*Pokémon Go*) 一经推出就在全球引起轰

动。它是一款增强现实类手游，游戏里的宠物可以在现实世界"出现"，或者至少是你在手机照相相机中可以看到，其中包含可爱的、可收集的小宠物。这个游戏的规则是，你可以在应用程序的指导下前往各个物理位置，以"找到"这些小宠物并开始你的收集。《宝可梦 Go》既是一款游戏，又是一种高度复杂的营销工具，能将消费者带到麦当劳餐厅，并让他们到星巴克、极速（Sprint，美国电信运营商）和许多其他作为赞助商的数千家企业的门店。这是一个值得注意的重要例子，因为它使用物理空间的方式是智慧城市的显著特征之一。它将物理空间和实体店视为解决方案的一部分，而不是问题的一部分。它体现了我之前强调的一个原则，那就是购物应该支持体验——体验并不是为了支持购物才有的。如果你有任何的实体店铺，那么你就有了一个可以创造适销对路体验的地方，可以与掌握人们在哪里以及他们在做什么的数据的企业合作。

●肖莎娜·祖博夫试图设想一个真正替代可能出现的反乌托邦社会的世界。她没有深入谈细节，也许是因为发明这些东西是我们的责任，但她提供了一份愿望清单。在未来，与社会深度融合的信息技术可能会不可避免地重构或改写供需关系，但它们应该以与民主兼容并促进有效生活方式的发展。有很多方法可以将这些想法融入产品和营销的小细节中。也许"民主"表明你的零售平台能更慷慨地与消费者本人分享消费者数据；也许这意味着让消费者有更多机会拥有企业股份，并有更多成为"市长"的机会，就像首尔市民一样（首尔"每个公民都是市长"的理念）。看看你可以列出多少内容来响应祖博夫的愿望清单。如果你想不出什么创造性想法，请跳到第十一章。

未来的人类

简介

在本节中，我们来看看在前几章和本章前面所讨论的所有大话题中最重要的内容之一——人类未来将走向何方？假设未来大数据、人工智能、生态系统、智慧城市和创作者经济将继续发展，它们将如何改变人类？在接下来的这些段落中，我将简单描述即将进入我们视野中的未来中最独特、最具挑战性的两方面，及一些关键的语言元素，来帮助我们大致了解未来的情况。

在此之后，我将试图通过对人们需要什么、想要什么、将得到什么、害怕什么以及将变成什么进行描述，来对未来作一个限定。然后我会在这个限定范围内向零售人员提出营销建议。最后在我布置思考练习的时候，我会尽可能简单、明白地告诉你这对于普通的快消品牌有何意义，并鼓励你用这种思维去思考你的品牌或零售业务。通过这种方式，我们可以让宏大、复杂的话题逐

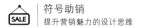

符号助销
提升营销魅力的设计思维

渐变为具体细节。

深入剖析

元宇宙

回忆一下之前我们关于生态系统的讨论，这个一直在发展升级的生态系统，看起来由数个看似毫无关联的业务拼凑而成，有时候它们同属于一个母公司，这些业务共同创造了一个企图满足消费者所有日常需求的生态系统：比如购物、社交、娱乐、家政、办公、健康管理、金融服务等。一个宏大、运行良好的生态系统让个人用户没有离开的理由，并激励用户维持"登录状态"，对他们的关注和提供的数据予以奖励。元宇宙则像是一个更大、更雄心勃勃的生态系统。它采用的是部分或完全去中心化的模式，拥有多个所有者、利益相关者和贡献者。它可以让用户只用一个 ID（身份标识号）和账户就可以在系统内各部分畅通无阻。如同智慧城市一样，元宇宙也在建设当中。人们设想元宇宙推出时应该有大量的虚拟现实技术。消费者总是想知道什么时候生活会开始像电影《头号玩家》中的情节一样。元宇宙是一个包罗万象的数字增强现实的地方[①]，大多数人将会在那里度过他们的大量时间。

元宇宙还有一个更为重要的意义。这不仅指在开商业会

---

① 这是向尼尔·斯蒂芬森（Neal Stephenson）的小说《雪崩》（*Snow Crash*）的致敬。该书预测并提及了元宇宙的出现。

> 258

议或打游戏时有更好的体验，虽然现在确实可以获得这种体验。你可以在"边缘"（Verge）播客于 2021 年 7 月播出的对马克·扎克伯格的有趣采访中了解到这一点。比起强大的功能，元宇宙有更为重要的意义。其中与人类未来有关的重要一点，就是人类将会史无前例地构建起蜂巢思维[①]，而元宇宙就是走向这个时刻的关键所在。这不仅意味着我们身处世界各地都能够相互交流，虽然这个事情已经非常了不起。它更意味着我们现在发明的技术工具可以被全部用于我们的交流中，并帮助我们塑造新的世界。在这里就举一个例子：我们称之为"共享"的新行为。"由超链接实现的'共享'方式现在正在创造一种新的思维方式——部分人类和部分机器——在地球上其他任何地方或历史上任何时期都找不到。"《连线》（*WIRED*）杂志创始人凯文·凯利（Kevin Kelly）说道，"网络正在释放一种新的可能性。"

奇点

奇点描述的是人工智能进化过程中的转折点，自此之后它可能会变得不可控。因为人工智能越来越擅长自我修改，编写自己的软件程序，独立做人类无法理解的决定。当科技可以取代人类做任何他们需要完成的任务时，人类就会变得多余，这时就会出现一个转折点。我们以前、现在都经常可以在科幻小说里看到人们对这种失控感到的焦虑。几十年来，这一直是科幻书籍和科幻

———————————

[①] 即所有人都通过互联网和社交媒体连接在一起。——编者注

电影不断描述的主题。不同的是，现在人们对人工智能失去控制不仅是焦虑地幻想或者提出不切实际的理论了，这种失控现象它有可能在现实中出现。埃隆·马斯克认为，在 2025 年将会出现一个奇点，并预测我们将在 2045 年左右遇到另一个层次的奇点。

不管奇点会在现在还是在 20 年后出现，它都是一个很重要的话题，不需要多久大家就会认同这个观点。因为它提出了我们全人类必须回答的问题，所以它很重要。这些问题包括：

● 人类生存是必需的吗？换句话说，你有多大把握，政府、商界或富有的投资者会在未来对赞助你的生存感兴趣？"一些经济学家预测，没有提升的人类迟早将完全无用。"尤瓦尔·诺亚·赫拉利（Yuval Noah Harari）说。

● 什么东西让我们人类与众不同？我们有没有什么特别之处，例如意识，或我们的情感之深、之广，是人工智能无法拥有而且应该被保留的？如果是这样，我们打算如何保留这些特别之处？

我们正在共同解决这些问题，因为从很大程度上来说，未来已经到来了。当我们努力尝试减少未来的不可预见，缩小已知和未知之间的差距时，我们当中的许多人正在利用人类文明的短暂历史来形成对事物运行方式的认知。也就是说，我们从符号学的角度来完整地编造某个故事，并讲给自己听。这反映了我们的文化背景和品位，并通常包含了我们主观的想法，认为历史是有方向或者目的的。这种想法称为目的论。科学家、作家大卫·布林（David Brin）在《冲击之后》（*After Shock*）中对此好好讨论了一番，并提出了自由派和保守派的区别。自由派的目的论认为万事万物都在进步。围绕智慧城市的，阳光明媚的营销故事体现并激励这个理论的发展。它认为，得益于人类的聪明才智，从长远来看，万事万物将会越来越好。保守派的目的论则比较消极，认为历史在不断重复、人类无法学习、战争不断发生、帝国不断崛起和衰败。我之所以在这里谈论目的论的概念，因为它可以帮助我们在利用符号学分析时，让我们和自己正在查看的有关塑造现实的叙述之间保持一点距离。

在这几段中，我们一头扎进了一些大概念和不常见的词当中。我现在将开始将其分解为更小、更实用的内容，供零售营销人员使用。

符号学的独特视角

人们需要什么

我们在本书中讨论了元宇宙、智慧城市以及当今消费者的心理状况——接近焦虑、分离，追求身份认同，打造公开人设。你可以看看这些话题是如何联系在一起的。然而，当人类的核心特征似乎很容易被我们自己创造的事物超越，或者有可能分解成一串 0 和 1 时，人们就会体会到这些状况。在不同的地方，我都引

用了肖莎娜·祖博夫和尤瓦尔·诺亚·赫拉利的论述，他们不怕
说出人们的需求。他们认为的人类需求清单融合了：经济安全和
生存、成功的关系，什么是真实的感觉、成熟的感觉以及不断发
展的智慧和能力等，所有这些需求在数字文化更粗俗、更商业化
的目标中常常被忽视。

人们想要什么

产业规模巨大的游戏产业非常了解人们想要什么，史蒂
文·斯皮尔伯格也是如此。首先，他们想要游戏的乐趣。人们喜
欢感觉自己有力量和有能力（能够飞行、骑龙、骑马、驾驶坦
克、施展魔法和使用超能力）。他们喜欢探索，给他们一张地图，
让他们通过探索找到很多惊喜和埋藏的宝藏。他们喜欢社交，并
将游戏作为交流工具。他们喜欢能够表达自己的创意。罗布乐思
（Roblox）应用程序不是游戏，它是制作游戏的工具。

人们将得到什么

要回答这个问题，我们可能需要预测未来的"黑暗"和"光
明"两面。从黑暗面来说，人们的隐私将遭受侵犯，且个人和家
庭将会受到监视，这将影响个人和家庭，也可能对民主构成威
胁。尽管这看起来很悲观，但作为已经发生事件的延续，它也有
其合理性。

光明面则是技术进步带来的许多好处。生活会因为科技而
变得更加便利。我们会有更多的时间去做自己喜欢和关心的事
情。这一直是面向消费者的技术的魅力所在。更重要的是，人类

的寿命将会延长。在更好的环境下，人们将更长时间拥有健康的体魄。

人们害怕什么

人们担心的是 2 种冗余。第一种是人们害怕失去工作。这种担忧是有些道理的，因为从事零售、仓储和运输工作的人会发现，当任务和功能可以实现自动化时，工作机会就会变得稀缺，劳动力市场将发生变化，新的工作岗位和工作形式将激增。

人们担心的另一种冗余与上面关于是什么使我们成为人类以及为什么人类应该被视为必要的观点有关。人们怀疑他们不被需要，他们不是"有用的"，他们无关紧要。通过对当今在社交媒体上互动的消费者进行简要回顾，我们确信人们的恐惧仍然存在。显然，人们很害怕，他们不断地相互提供建议。

人们将变成什么

我之前引用了凯文·凯利的话，他谈到"共享"是一种新的思维形式，它是：集体行为；让人工智能与人类一起参与共享的认知过程。我认为这是一个重要的见解，因为如果我们的思维习惯——不是我们的思想内容，而是我们习惯用于思考的工具和技术——要改变，那么对人类文明的影响将是深远的，而且这种改变不太可能逆转。

现在让我把它分解得细一些，让你作为零售商或营销人员能更好地理解与应用知识。

营销建议

人们需要什么

大多数人的第一需求是金钱，因为用钱可以购买食物、住所等，可以用来获得马斯洛著名的需求层次结构中最底部的所有东西。你的企业可以通过一系列活动来满足人们的此类需求，从简单地关注、积极鼓励他们（与认识并信任他们的人）社交到参与你的品牌或商店的限时活动。用这些活动帮他们得到金钱方面的好处。

除此之外，我们谈到过人们需要对自己有信心。他们需要知道什么是真实的，体验内心的诚实，知道谁是朋友，能够处理人际关系并得到成长。这是一类很大的需求，人们需要穷尽一生时间去实现它。我在这里提供的建议是，人们习惯性地试图拯救自己，所以即使是相当小的企业也可以通过提供教育服务、帮人们建立信心的挑战以及支持有团队合作的社区工作来参与、推动这一进程人们的"自我拯救"。

人们想要什么

人们想要美丽、力量、探索、社交和创造性表达自我的机会。品牌和零售商有很多方法可以帮助他们实现。让你的包装、固定装置和商店的内部装饰尽可能漂亮。关怀的体现（周到的、创造性的关注）对消费者来说比展示企业财富更有价值。在与室内标志牌和固定装置同一水平线的地方，添加树木、蓝知更鸟、花环等元素。它们的材质并不重要，可能是消费者和他们孩子的

画作，也可能是专业插图，你可以将其变成货架装饰物等。商店
的背景音乐可能是温和的鸟鸣声，而不是超市和电梯喜欢播放的
合成背景音乐。重要的是对细节的关注，这会让人们感到自己被
关心。

人们将得到什么

未来将会出现这样的情况：人们通过交换隐私和部分自由换
取被允许在数字保护伞下体验技术驱动的未来中最新、最吸引人
的好处。那时，人们会被要求加大投资，因为他们需要付出高昂
的代价才能获得专属的服务和想要的生活方式，所以人们会有一
种对乐趣的期待，想要一种身处人类文明前沿的感觉。

全球商界正变得异常擅长运送货物。最终，我们将商品交付
给消费者的速度将达到上限。然后，你的品牌或零售业务的工
作就是为消费者提供独特而特殊的体验。这很容易成为你的闪
光点。如果你卖食物，就去创造更多的机会让人们一起吃饭。如
果你卖衣服，就给别人穿衣服的场所。纽约的服装品牌露露乐蒙
（Lululemon）在这方面做得很好，它在服装精品店内设有健身房。

人们害怕什么

人们害怕他们变成无关紧要的人，他们寻求并确保自己有重
要价值。尽管人们对重要问题（例如他们是谁以及是否可以依靠
他人的支持）长期不确定，但人们确信一件事：感觉至关重要。
当人们要求并保证自己很重要时，其中包含的信息就是自己的感
受都很重要。感觉可能并不总是理性的，但感觉是自然、真实和

真诚的。

我们需要设计承认情感至上的品牌、商店和营销活动。人们希望有情感体验并与他人分享他们的情感。此外，有理由认为感受一直被忽视的群体希望在未来得到认可、承认和欢迎。我们可以努力为人们提供更多讲述自己感受的机会。当爱彼迎（Airbnb）公司的营销传播插画师开始以真实的主人和客人为插图模板之后，爱彼迎就成了一个更具包容性和吸引力的品牌。这些复杂的文字（符号的集合）让人感觉真实，并且在它们背后都有一种故事等待被讲述的感觉。在你的营销中建立与真实人物、真实感受和真实生活的联系。

人们将变成什么

随着我们进入未来，社会将变得更加分散。目前，我们有许多人逐渐适应去中心化经济的模式。随着社会的发展，个人本身也变得去中心化，凯文·凯利关于"共享"行为的评论就体现了去中心化的内涵。

我最喜欢的一句话是"只要解决了一个问题，很快就会有一个新的问题出现并取而代之。"元宇宙发展等解决或试图解决很多问题，让城市生活变得可以忍受，减轻了烦琐的家务带来的压力。所有这一切，尽管它可能是伟大的，都将导致新的消费需求和新的问题出现。虚拟和有形的办公用品、讨论组、创客工具、平台和表演空间都需要作为载体来收集人们集合和分散的思维。一些未来学家认为，购物中心最终可能会变成巨大的"健身中心",人们可以在那里提升他们的身体健康和认知水平。你的品牌或商店正在采取哪些措施来促进消费者的健康并帮助他们自我提升呢?

我知道本书的读者可能想要非常具体的建议,所以下面我用一个虚构的肥皂品牌举一个例子,你可以选择在你自己的商店或品牌上测试这个例子中的想法的可行性。

练习

人们需要什么

假设你有一个肥皂品牌。消费者的第一需求是金钱,通常通过工作可以获得。你知道肥皂剧的起源吗?也许我们应该考虑使用肥皂剧作为我们品牌营销的一部分。我们可以使用消费者真人秀形式,并重复使用同一批消费者当演员,在抖音、Instagram 或 YouTube 上以连续剧形式播放我们的节目。对表演者付出的时间和收获的知名度付费,奖励他们并(或)赠送一些礼品。这种活动的预算不算大——最初的肥皂剧都是短小的广播剧。

人们想要什么

最重要的是,人们想要美丽的事物。让我们举办一场比赛，寻找有才华的插画家。给予他们尽可能多的机会来设计、制作精致美观的包装、货架和店内标志牌。对于肥皂品牌来说，这应该很轻松就能办到。如果你的肥皂是洗衣皂而不是洗脸皂，那就更轻松了。大多数洗衣皂的包装远远跟不上消费者对美的期待。所以我们可以将一些艺术和美感引入洗衣皂产品设计中。

人们将得到什么

我们的竞争对手将努力为消费者提供更好的购物体验。我们需要留心这一点，并确保我们提供值得消费者关注的体验。由于我们有一个肥皂品牌，我建议我们组织举办一些现场的参与式活动，让人们可以在其中制作自己的肥皂。含有大量诱人配料的手工香皂是吸引人的产品，它在易集这种直接面向消费者的平台上卖得很好，制作起来也很有趣，初学者可以提前获得材料和指导，这样，他们可以获得很好的体验，因为没有人愿意因做肥皂而把自己的房间弄得一团糟。

人们害怕什么

人们担心他们无关紧要，担心自己可能会变得多余，还有自我分裂和对自我身份的探索。如果我们要销售肥皂，有一点值得我们承认，那就是肥皂是非常私人化的物品。如果你想想肥皂的符号含义，它代表的是希望、重生和乐观。我们可以把这些含义融入设计和店内交流环节中。

人们将变成什么

我一直注意到未来主义者谈论昆虫隐喻，甚至国防部也在谈论不久的将来的人类。我们现在出现了蜂巢思维，智能人的集体思维以及连接我们的日益智能的技术。然后是亚马逊专有的蜂巢建筑，一种专为无人机设计的蜂窝结构建筑。然后是外骨骼，人类从昆虫那里借来并应用到自己身体的结构。你知道蜜蜂如何清理它们的蜂巢吗？它们把抗菌的蜂胶放在巢穴内部，这样做可以抑制蜂巢中病原体的生长，并减少它们接触病原体的机会。蜂胶及其在蜜蜂中的应用对科学家来说很有趣，因为它具有对抗影响人类的病毒和细菌的潜力。如果我们从事肥皂行业，我认为我们应该了解一些新产品开发或至少是营销的策略，帮助人们了解可以用来照顾家庭的新方式，比如疾病控制等的方式。

用你自己的品牌或商店尝试此练习。对于上面的每个问题，请仔细阅读我在本书这一部分中列出的每个想法，直到你找出企业可以做的事情。同样，这花费不会很大，你可以设置简单且有创意的内容。有时，只需要在包装和商店设计中增加一点美感即可。

PART 4

第四部分

用好符号学

第十一章
符号学应用问题速问速答

　　本书前几部分大量探讨了符号学的内涵精髓及其在零售营销中的应用。本章则不同，对于我的客户经常咨询我的问题，你将在本章看到实用、简洁的回答。如果你在阅读本书时直接翻到了这一章，或者你打算只阅读本章，你可能心中会有个疑问，很有可能这个疑问也出现在本章中。在每一个答案或解决方法后面都有一个特定的例子供你参考。

　　本章内容能帮助你

　　本章会在你需要新点子和创造性的解决方案时帮你解决营

销难题。当阅读完本章之后，你将能够掌握一些重要原则和建议，帮助你实现以下目标：

- 吸引消费者。

- 提高消费者参与度。

- 提升销售效果。

- 完善产品销售和货品管理。

- 完善导引与标志。

- 提升店内体验。

- 传递品牌价值。

- 传播品牌结构与产品种类信息。

- 优化电子商务。

- 实现全球化营销。

注意力与吸引力

问题

这里有 2 个零售营销人员问得最多的关于如何赢得消费者注意力的问题。这些问题主要针对实体商店。

- 我们应该用什么样的包装才能在货架上突出自己的产品或为此找到捷径？

● 我们如何让消费者在商店或在室内固定装置附近时摆脱闲逛的状态？

传统商店还是会出现某些特定场景。商品区总是很嘈杂，每个推销员都试着比旁边的人吆喝得更大声。结果就是，即使商品摆放整齐，人们还是无法找到想购买的产品，因为场面乱糟糟的。人们很费劲才能认出他们熟悉的商品包装，这也使他们无法注意到新产品和促销活动。此外，人们不需要也不希望有人打断他们的购物进程。

答案

我们可以通过包装和固定装置的设计来找到解决问题的方案。以下就是最核心的原则。想要在商店里吸引消费者注意力最好的方法之一，就是向他们展示令他们意想不到的物品。鉴于连锁店，特别是超市习惯长方形的包装、网格状的走廊，由于这种线性、四四方方的设计无法使人眼前一亮，因此你需要改变包装形状。不寻常的包装和给固定装置进行立体装饰就能打破刻板且千篇一律的视觉效果。

一旦得到消费者的注意力，你需要给他们一些甜头，否则你就是在给他们的消费体验减分。在设计包装和固定装置时，要让消费者感觉良好。以下是几个要点：

● 使用让人联想到快乐的符号。人们通常会忽略这点，但是几乎所有人都会喜欢阳光、日出、日落、沙滩、花朵、湖泊、山峰和动物。你可以使用此类符号。

● 展现人性之美。展示你的风趣幽默，或让消费者知道你了解他们的生活和想法。

● 寻找并拥有自己的品牌。如果你清楚你的品牌存在的原因以及你的产品如何让人们的生活变得更美好，你会更自信地使用简单且大胆的设计，避免在包装上放入太多的信息。

例子

这里有一个现成的例子：添加几棵树。美国俄亥俄州有一家名为"定制棕榈树"（Custom Made Palm Trees）的企业，你可以在该企业的网站上看到非常多五彩斑斓的照片，有酒店、酒吧、泳池、零售商店等地方的照片。这些地方在周围添加几棵树之后立即变得焕然一新。企业推出的产品包括保存完好的自然树木和人造树。

在我写这篇文章的时候，我正在看该网站上的其中一张照片，一棵人造棕榈树从闪亮的红色圆形底座向上弯曲，相当巧妙的弧形树干内设有 3 个圆形货架，它们可能是玻璃的。货架上摆满了柑曼怡（Grand Marnier）利口酒。日光黄背景突出了品牌名称，但又不会盖过主角，即人造棕榈树。超过头顶的树长出许多绿叶，上面还放了一块超大的、看起来鲜嫩多汁的酸橙片，使它看起来像是从树枝上垂下来的，上面写着"更好的玛格丽塔"字样。

我越仔细观察它，我得到的回报就越多。如果你打算打断人们购物时的闲逛状态，这一点至关重要。这不仅是一棵看起来很漂亮的树，是消费者在零售环境中遇到的新颖、意想不到的物品，这还是种艺术装饰。它的 3 个圆形货架类似于 20 世纪 30 年代的鸡尾酒柜。20 世纪 30 年代的主题贯穿始终，从它的色彩和引入玛格丽塔鸡尾酒的字样中，都可以看出来是 20 世纪 30 年代的风格。还有树本身，它似乎是墨西哥扇形棕榈树，暗示了鸡尾酒的起源，更进一步说是暗示了 20 世纪 30 年代的旅游趋势。在这段时期，富人喜欢到墨西哥、埃及和斐济去旅游，这些地方都被视为异国情调的圣地。这种美学体系的产生使得这棵树已经不仅是一棵吸引人注意力的、新奇的树了，它还能将消费者"带回"到 20 世纪 30 年代的魅力中去。

想找到更多用包装和固定装置设计来吸引消费者的方法，请参照第三章有关消费者的欲望的内容。

消费者参与度

问题

你有信心可以设计出与众不同的包装和固定装置，但是应该如何提高消费者参与度呢？在这一点上，你想要消费者给予更多的注意力，并且还希望他们采取某种行动来加深他们对品牌的了解，增加品牌曝光度并将你的品牌推广给其他人。

这个问题对于传统实体店及网店同样适用。不过，根据我的经验，实体店通常在这方面需要更多帮助，因为实体店的营销人员不太清楚他们可以做什么，而且实体店通常有很多限制性因素。

答案

人们已经意识到他们的时间和注意力是很宝贵的。在前面，关于吸引和分散消费者注意力的方面，我主张通过给他们一些有趣的东西来进行奖励和补偿。当我们试图增加消费者参与度时，实际上履行这个不言而喻的"奖励政策"就变得更容易了。 如果你为消费者提供一些有趣的活动或让他们关注参与后的实际结果，你就会增加机会，让他们认为自己的注意力投资是值得的。

这里有几个速效方案，然后是一个真实的例子。

● 用你的方式去鼓励消费者尝试新事物。销售一款新鸡尾酒、一款以冰激凌为主的甜点，或者通过装饰洗衣房，让它成为一个舒适的地方，里面放满吸引人的产品。

● 互动具有很强的吸引力。众所周知，广告文案往往以呼吁大家行动起来作为结尾。我认为我们也应该试图以此吸引商店内消费者的注意力，给消费者找些事情来做以增进互动。

● 游戏和游戏奖励有可能让消费者在多次到访商店后仍保持兴趣。在我看来，我们应该给消费者一些忠诚度积分或虚拟硬币作为他们打开我们的应用程序、出现在我们的商店，并与我们的展示品互动的奖励，事实上你的竞争对手可能已经在这样做了。

例子

这里有一个具体的例子可供参考，你可以根据你的预算和商店类型来更改规模大小。安装花墙如何？安装花墙的原因是人们喜欢以它为背景拍照：这是你的品牌出现在社交平台上的好机会，可以让你的品牌获得一定的曝光度。

花墙是婚礼中一个相当新鲜的元素。随着社交媒体的兴起和日常生活的审美化，它的预算规模和使用范围不断增大，艺术效果的要求也越来越高。花墙可以立即让你联想到一些"特殊场合"，也许是因为它们是人工制作的艺术作品，取材于自然，但并不存在于自然中。它很快解决了困扰每个经常在社交媒体上发自拍的消费者的问题——自拍背景应该是什么？

现在花墙比以前便宜得多，这意味着如果你想在商店或固定装置上使用花墙，价格不应该是一个大障碍。我们也可以用花墙想出很多创意点子。服装零售商爱善（Love, Bonito）的新加坡旗舰店就是一个很好的例子。它的花墙中的每一朵花的间隔都很远，可以让消费者站在旁边拍照。

核心原则是：给消费者意想不到的惊喜，理想的情况下这个惊喜是美好的，然后让他们在你的商店里有事情可做。

你可以在本书第三部分有关游戏的内容，特别是第七章中有关"边玩边赚"的部分中了解到更多与互动有关的内容。

销售效果

问题

传统的营销策略会告诉你，在吸引消费者注意力和提升消费者参与度之后，就应该是让消费者购买了。我在零售营销领域的客户想知道：

● 我们如何将消费者注意力和消费者参与度转化成消费者购买行为？

● 什么才是传达促销和物超所值信息的最佳方式？

● 我们应该如何设计商店中的固定设施，让消费者能够轻松愉快地购物？

假设我们希望与消费者建立一种道德的、健康的关系，我们不会诱导他们购买东西。因此，我在这里提供的解决方案侧重于为消费者提供有价值的体验并感谢他们的惠顾。

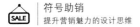
答案

我认为消费者知道当他们选择我们的品牌而不是竞争对手的品牌时，他们是在帮我们的忙。当我们让他们承担风险时，他们并非对此毫无察觉，例如我们从新供应商处订购商品，让他们选择自己不太了解的产品，或者让他们为晚餐选择一些不常吃的新菜等。我们可以通过降低风险来帮助他们——让他们确信他们正在获得物有所值的东西——并减少购物的摩擦或物理障碍，比如当人们必须将他们购买的物品带到收银台，在那里排队结账时，为他们减少障碍。

可以通过社会认可来降低风险。有很多途径可以做到这一点：成为家喻户晓的品牌肯定会有所帮助；以一个已经或即将成为家喻户晓的品牌的方式做一个自信的品牌；有明确的社会认可，例如获得"本市最受欢迎"和"良好管家奖"等头衔。

你也可以通过多种方式传达物超所值的信息，但是你始终可以依靠一些符号标志来实现，例如促销时用红白配色以及更隐晦的举措，例如将你的品牌名称巧妙地放在体现物超所值的内容中。减少摩擦可能意味着为消费者提供更多样、更轻松的支付方式以及让消费者更方便地使用店内设施等。

例子

2017 年，美国零售业的一个重大事件和西维斯健康公司（CVS Health）的零售部门西维斯药店（CVS Pharmacy）有关，它宣布将自动售货机引入药店中。乍一看，自动售货机似乎不是一个非常令人兴奋的事物，也没什么新技术。但是，当人们仔细观察这些自动售货机时，会发现它们很有趣，并且富含有意义的符号。它们还体现了销售的技巧：

● 自动售货机大胆的红白配色表明"低价"和"物超所值"。这些是零售中在商品打折和促销时常使用的颜色。自动售货机本身作为一个概念，也代表低价。消费者习以为常，小的必需品可以到自动售货机购买。

● 大胆而自信的品牌宣传传递"这是一个你了解且信任的品牌"的信息。即使我从未听说过"西维斯"（CVS），但它仅依靠这3个字母来向消费者传达品牌信息，这一事实告诉我们，这是一个其他人都知道的品牌。

● 自助式自动售货机意味着消费者可以获得即时服务，不必在收银台前排队等候。消费者还可以在相对隐私的情况下匿名购买产品。

● 这部分做得很巧妙，除了传递物超所值、可信任等信息之外，西维斯健康公司还和老式自动售货机形成了鲜明对比。如果说这些机器经常被忽视、有点脏，是购买巧克力和香烟的地方，那么西维斯健康公司的自动售货机就与老式自动售货机形成鲜明对比——它大而现代，出售健康零食以及药店售卖的其他几十种小商品，是"售卖健康"的机器。

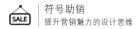
你可以在第四章中了解更多有关如何传达物超所值信息的内容。

产品销售和货品管理

问题

超市对于零售商和消费者来说都很有挑战性。消费者在这类商店中，通常会见到满墙的商品，但是却找不到自己想要的东西，当每个品牌都试图用它的包装来吸引消费者眼球时，更是如此。此外，当商店有一点空间可以做产品销售时，零售商却不清楚该如何好好利用它。所以人们常常会问我以下这些问题：

- 我们应该如何让产品更容易被消费者找到呢？
- 从视觉上划分产品区域的最佳方式是什么？
- 符号学可以启发我们找到更好的销售方式吗？

答案

对于那些只知道如何寻找"他们想要的"品牌的消费者来说，过道和大型固定设施的摆放往往会让他们迷失在超市里。因此我强烈建议使用货架标志牌。

货架标志牌善于吸引消费者的注意力。它们通常是不寻常的形状，有助于打破大多数超市过道主流的网格审美。它们帮助消费者缓解了一点视觉上的疲劳，并让人感觉至少有一些品牌是别出心裁的。

当标志牌能积极地传达某种意思时，它们达成的效果最好。根据我上面给出的建议，它们的功能不仅限于分散消费者的注意力或增加环境噪声，它们还可以具备一些有用的功能。你可以通过使用货架标志牌来：

● 帮助消费者在一个大品类中区分不同的商品类别，比如"软糖"和"巧克力"，"零食"和"正餐"。

● 用新的东西吸引消费者的注意力，比如新产品。如果你打算这样做，请尝试用实惠的促销形式推广，因为消费者并不会像零售商一样对新推出的产品感到那么激动。

如果你正在考虑用商店的桌子或底座展示产品，我的建议是选择能够让人在视觉上产生兴趣的布置，打破网格的束缚，但不要让它们变得过于复杂或过于凌乱。你希望人们走过去仔细查看并可能会拿起产品，但是如果产品摆设看起来并不希望人们接近它，或者人们碰到它可能会掉落，人们就会避开这个产品。

例子

我们见过许多标志牌，市面上也有许多制作标志牌的企业。我在写这段文字时，刚好看到立点效应传媒公司（ActMedia）（东南亚一家卓越的零售营销企业）制作的标志牌。标志牌标明了新推出的产品：立顿牌气泡冰茶。标志牌被贴在超市的固定设施，货架上的轻便金属框上。一罐罐的冰茶整齐地摆放在一排排货架上，货架背后是金属护栏，防止产品从后面掉落。

标志牌的形状很不寻常，与气泡相似。除此之外，它相当大，大概有 1 米高，整体给人的视觉效果很好，能打破过道的千篇一律，很容易引起消费者的注意。标志牌的颜色清新淡雅：有苹果绿和天蓝色。这一点很重要，考虑到大多数商店都很暗，即便营销宣传照片上的灯光总是明亮且吸引人，但现实效果仍然不尽如人意。如果我们在一个完美世界当中，我会喜欢这样的货架标志牌，这是对吸引消费者注意力的一种感谢。同时，这里也很方便扫二维码，通过二维码可以获取优惠券、小样和小礼品。东南亚的消费者深谙此道。也可以在商店出入口处使用这种标志牌：通过在消费者逛街时给他们一些虚拟礼品、印章或者让他们收集某物以获得奖励的方式来引导他们。

如果你在思考有关货架标志牌和货品分类的问题，你可能也会喜欢后文将出现的有关传播品牌架构传播与产品种类信息的内容。

导引与标志

问题

我有幸与众多零售商合作，其中就包括一家成功的英国连锁店。随着业务规模和品牌知名度的提高，该连锁店决定在英格兰北部开设一家旗舰店。我被聘请，为包括店内标志牌在内的室内设计的各方面提供建议。这是一个令人兴奋的项目，因为我们是以"自下而上"的方式设计商店的。我的客户提出了许多有趣且实用的问题，这些问题已成为我在零售业工作中反复出现的问题：

● 我们应该在商店放置什么标志牌？它的功能是什么，它应该是什么样子的？

● 我们如何告诉消费者我们的产品价格实惠，同时还要让消费者感觉商店产品普遍优质？有时，零售商也有这样的疑问：

● 我们如何将人流吸引到我们的过道或商品区？

答案

我希望我可以向你展示一些店内标志的反面案例。你需要前往主要由普通人使用的图像共享应用程序，例如翻客（Flickr）。输入你知道的一些商店名称，你会看到它们真实的内部装修图片。你的本能会引导你发现"效果不好"的标志。你会发现许多花哨且缺乏审美的标志，通常是传达低价的标志。有的标志上文字过多，你还会看到一些声称"优质"和"新鲜"的标志，但因为缺乏创造力或乐趣，反而达不到它们的预期效果。

当店内标志无效时，会让商店"沦为仓库"。商店的华丽外

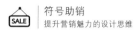
衣被脱掉，让消费者被迫面对这样一个事实：他们仿佛在仓库内，一个没有吸引力的地方。许多消费者试图避免想到这一点，这样他们才能在店内获得更愉快的体验。他们想要被关怀的感觉。满足这种需求的一种方法，就是在引导消费者到达目的地的同时，让标志牌看起来受欢迎。

例子

也许你知道美国著名的韦格曼斯杂货店（Wegmans）。每当我在美国开展符号学或民族学的实地考察时，市场研究受访者都会热情地将我带到那里。这是一家让人们引以为豪的商店。我经常注意到它的店内标志牌。你可以在韦格曼斯杂货店的网上图库中查看一些图片，也许你的眼睛会落在一张在新鲜农产品区拍摄的宣传有机蔬菜的照片上。

既然我们已经列了个无效标志的清单，我们可以更好地知道韦格曼斯杂货店在哪些方面做得好。这里有一些技巧：

● 有"韦格曼斯有机产品"标志的产品虽然是批量生产的，但"有机产品"几个字看起来像是用刷子手工绘制的。"有机"标志用的是一种清新的绿色，不会让人看着不舒服。这些标志，乍一看像彩绘的木头，被切割成叶子的形状。所有这些细节都传递了"有人关心这种食物""优质"和"新鲜"的信息。

● 同时，韦格曼斯杂货店还擅长传递价格信息。"有机"的理念不会和"物超所值"相矛盾。商店的后部区域的标志"香蕉，0.69 磅[1]"使用了代表"折扣价"的红色、白色和黄色，但这些标志看起来也像是手绘的，且各组成部分排列得很有创意，文字的弧线看起来和香蕉的形状一样。说到文字，标志中的文字不多。韦格曼斯杂货店觉得过大的阅读量会给消费者带来负担。强调使用简单而有创意的标志，让商店更吸引人，可以将消费者带入一个充满想象力的空间，在那里他们能找到喜爱的产品且有被关爱的感觉。

好的店内标志就像一幅艺术作品，让商店有热情好客的氛围，从而吸引消费者。

店内体验

问题

在本章目前为止的部分中，我列出了几种方法，让零售商吸引消费者并使消费者认为这里比仓库更好。我们可以做的还有很多，只要我们希望零售企业保持竞争力，让它们提升消费体验就会变得越来越重要。每个企业可用于提升消费者体验的预算和资源都不同，但他们的问题不外乎是以下的其中一种：

---

[1]　约 0.31 千克。——编者注

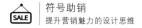
● 是否应该采取娱乐化购物模式？

● 在商店设计中是否有既经济实惠又易应用的符号学规则，能把商店打造成一个更舒适的环境？

答案

关于"娱乐化购物"的简短回答是，应避免随意使用噱头来改变原本平淡无奇的购物体验。你可以将弹球机放在商店的角落里，它可能会让消费者感到很有趣，但除非此类游戏机的存在可以改善所有消费者的店内（包括那些没玩过该游戏的人）的店内体验，否则它无法发挥其作为营销工具的作用。

紧接着，我将讲述卡斯帕公司（Casper），一家睡眠产品零售商的案例。它从 HWKN 建筑师事务所在打造深度体验式商店利用的专业知识中获益匪浅。我希望你从这个例子中得到的启发是，实际上你不需要概念店或大预算来为消费者创造良好的体验。HWKN 建筑师事务所巧妙地运用了一些人人都可以使用的核心原则：

● 在店里设计一些消费者在家里无法开展的活动。

● 提供不需要购买商品就能获得的服务；提供能提升店内体验的商品。

● 用代表幸福快乐的符号，如用星星或者其他自然界的物品来装饰墙面或其他被忽略的地方。

● 向消费者展示一些意想不到的东西（消费者在购物时往往对惊喜的预期比较低）。

● 了解到成年人也与孩子和小动物一样，会被那些能打开的物品或能进入的地方所吸引，比如店中店。

我们可以小规模地开展以上这些活动，规模可以小到只对包装进行改变，且无须很大花费。

例子

卡斯帕是一家有趣的美国企业，在其网店和实体店销售床垫和其他睡眠产品。与许多零售企业一样，它在新冠肺炎疫情期间遇到了经营困难，但它仍然以创新的店内体验赢得了声誉。你可以通过上网查找位于曼哈顿的卡斯帕概念店——梦境（Dreamery）来查看和阅读相关内容，也可以在该企业的官方网站上查看卡斯帕睡眠产品的图片。

梦境概念店在 2018 年开业时就引起了媒体的注意。梦境概念店由纽约市 HWKN 建筑师事务所设计。消费者只需支付 25 美元，就可以在店内的"睡眠舱"中小憩 45 分钟。睡眠舱是由木头制成的非常现代化的圆形舱体，这个设计将未来主义和自然的信息和谐地传达给消费者。在店里，人们可以躺在卡斯帕床垫上，穿上借来的高档睡衣，还会获得各种护肤品小样。舱体就放在商店里，墙壁是深蓝色，还点缀着闪烁的星星。

HWKN 建筑师事务所还设计了更传统的"零售店睡眠屋"（Sleep Shops）。我曾看过一张这家店的图片。这家店本身具有传统的外观，采用厚玻璃窗和钢框门。在光线充足的店内有几个小房子，由与梦境概念店的睡眠舱相同的浅色木材制成。这些小房子就像孩子的游戏屋一样，但按比例放大了之后可以让一个成年人通过。门廊呈拱形，无釉窗为圆形或方形。这让消费者仿佛回到了童年。消费者可以进入小房子体验床垫。这些小房子是神秘而令人惊奇的物件，为消费者提供了一个可以试用产品而无须购买的机会。

要了解更多有关创造令人难忘和愉快的购物体验的内容，请翻阅第三章和第九章。

传播品牌价值

问题

如果你是生产或销售快消品的，在这个竞争相当激烈的行业里，你需要尽可能地解决以下问题：

- 如何通过包装来传播品牌价值？
- 如何利用店内固定设施传播品牌价值？

你可以用符号学找到答案，可以有许多的选择。

答案

本书的第四章充满了关于如何使用符号来传达品牌理念的实用建议。我在这里给你的建议与你的品牌有关。我相信你喜欢你精心打造的品牌，因此它不仅是一组看起来时髦或美好，且有现成意义的集合。请你清楚地了解品牌存在的原因，它代表的世界观以及它如何让你的目标消费者生活得更好。这将在以下各方面帮助你：

● 能更容易找出你的品牌价值。

● 你不再需要用层层的标志、大段文字以及提供信息的设备，以至于让产品包装或店内的固定设施看起来很拥挤。

● 能解放你的想象力。因为你能将品牌拟人化，这能让你更容易想到新颖的营销点子。

不管你打算选择什么作为品牌的特征或核心理念，最根本的原则是要"展示"而不是"告知"。如果你的品牌是一个友好的品牌，不要只是用语言表达，投入一些资源让它变得友好起来。如果你的品牌是创意品牌，向人们展示你的创意，而不是展示一个写着"最具创意超市"的奖牌。下文有一个关于牛油果食品卡车的例子。

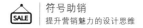
例子

"下一步 / 现在"公司（Next/Now）是一家总部位于芝加哥的数字体验设计机构。它为客户——来自墨西哥的牛油果零售商设计了一辆食品卡车。牛油果食品卡车是为美食节设计的。每当将品牌或零售业务与活动联系起来时，都会让人觉得特别的事情要发生了。消费者会看到你正在为仅在短时间内可用的东西做出的特殊努力。

牛油果食品卡车本身有许多数字和互动元素来吸引访客，你可以在 Next/Now 公司网站上阅读了解。我在这里只重点谈一个方面，这样我们可以看到其核心原则。来自墨西哥的牛油果零售商知道自己品牌的特点和宗旨。它是一个非营利的营销组织，旨在促进墨西哥牛油果在美国的销售。这将使消费者和 29 000 名牛油果农受益。来自墨西哥的牛油果零售商对其成就感到非常自豪。你看一眼它的网站就可以看出它使用的语句是乐观的，并且它很清楚自己的品牌是如何让世界变得更美好的，甚至它的标志也传递了快乐信息。

Next/Now 公司设计了一款迷人而有趣的牛油果食品卡车，人们可以使用平板电脑来订购美味的菜肴。为了让人们在等餐时有事可做，该应用程序邀请他们玩一个小游戏，他们通过对着镜头尽量大笑来"获胜"。作为奖励，该牛油果零售商将向玩家发送他们的微笑照片，允许他们在社交媒体上使用，并推送各种牛油果食谱和小贴士。我想让你注意的关键点是，该牛油果零售商确定了一个以幸福为核心的品牌理念，使用"微笑"这一符号（幸福的符号）并将该符号"应用于"消费者的脸上，而不仅是静态的品牌传播用具中。

这就是我所说的"展示"而不是"告知"的意思。你不需要花大价钱去买互动设备（拥有那些也很好）你可以通过在包装或固定设施上删除无关信息，展示而非宣读你的核心理念来有效地传达品牌价值。如果你认为你的品牌是一个有趣的品牌，请让人们因它而笑；如果你的品牌是一个有爱心的品牌，请通过展示你如何为人们做出特别的努力来让人们感到自己被关心。

传播品牌结构与产品种类信息

问题

人们经常会问我下述的问题，这些问题都与不会表达品牌价值的焦虑有关：

● 如何通过包装来让消费者了解品牌结构和产品种类？

● 如何利用店内固定设施让消费者了解品牌结构和产品种类？

此处所讨论的品牌结构通常是横向的。也就是说，可能有一系列产品在价格和质量上相似，但在形式、预期使用场合和所满足的消费者需求方面有所不同（并且在这当中可能存在口味不同）。有时企业不确定品牌结构的哪些方面是关键的差异化因素，有时他们也不清楚品牌代表什么，这会导致焦虑和沟通不顺畅。

答案

对于品牌结构和产品种类问题有一些简单直接的答案，也有更深入的解答。如果你想找到快速、简单的解决方案，那么可以参考以下这几点：

● 将包装方式和产品样式联系起来。如果你做的是早餐生意，可以把麦片放到桶里，饮料放到小袋子中，烘焙食品放到大袋子里。一如既往地使用同样的包装形式，来帮助消费者区分同一种类的不同商品。

● 如果同一种类的产品之间有所不同，请尝试将它们一起放在固定设施上，并在标志牌上写"即食""微波炉加热5分钟"和"烤箱烘烤"之类的文字将它们区别开来。

● 你还可以使用包装上的文字和图标来帮助消费者找到自己想要的东西。像许多商店一样，在我所在城市的超市中，商家可以通过从相当广泛的配料中选择其中的一些来为两人做一顿饭。商品的贴纸上写着"主菜""配菜""甜点"，消费者很容易知道他们应该选择哪一个。只要是在一定的分类范围内的商品，就按统一的价格标准收费。

更深入和更好的答案是确定你的品牌结构是如何使消费者受益的。他们为什么需要你的品牌结构？下面是一个能说明这点的例子。

例子

快乐家庭有机食品（Happy Family Organics）是一家为婴幼儿生产食品的美国企业。我之所以在这里单独将它列出，是因为它帮助消费者找到各种不同规格和价格的商品的方式让我印象深刻。

该企业主要通过将食品按"婴儿""幼儿"和"儿童"分组来帮助消费者。有些形状的包装在每一组都可以找到，例如小袋，因此包装不是目标消费者的可靠指南。这意味着该企业必须使用视觉标志和符号来完成用包装传递信息的功能。根据我上面的建议，有一种显而易见的策略和另一种更深入、更贴近消费者需求的策略。

显而易见的策略包括稍微改变品牌名称。根据预期使用者的年龄，名字改为"快乐婴儿""快乐幼儿"和"快乐儿童"。更有趣的策略是，在品牌结构中做出更多改变，不仅是简单地贴上"婴儿""幼儿"或"儿童"的标签。简单地改变名称只能起到辅助作用。

重要的是，该品牌对父母在喂养不同年龄段孩子时的担忧表现出明智的认识。从一个角度来看，作为新手父母的人，很大一

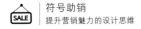
部分经历是学习应该担心什么以及何时应该担心。

因此，快乐家庭有机食品品牌结构中的婴儿食品是以特定蔬菜命名的，用这些蔬菜作为符号，融合了传统、有益健康、色彩斑斓和新奇的元素。婴儿期对于婴儿和父母本身来说都是一个新阶段，遵守社会规范的父母应该遵守喂养婴儿的特定方式，让婴儿断奶后选择正确的食物，比如胡萝卜，即便孩子父母自己喜欢吃的是薯片。消费者认识到营养学家的工作之一是让婴儿愉快地食用这些有益健康的蔬菜，这也让婴儿的父母有机会感觉自己是好父母。

幼儿食物则不一样。食品命名和描述的方式改变了。简单地以熟悉的蔬菜命名的产品少了，它更多关注的是营养。该品牌为幼儿（父母）提供了几种"超级食品"袋，这意味着处于活跃期的幼儿需要额外的养分来获得新的能力。这是一个幼儿的父母能够理解的信息，还包括"幼儿会使早晨变得忙乱，所以需要方便且营养丰富的幼儿早餐产品"（因此早餐食品被命名为"超级早晨"，这难道不是父母会喜欢的吗？）等内容。更重要的是，几乎所有父母都知道或通过学习知道"幼儿很挑食"，因此在该品牌相关食品的包装袋上都会标有"我爱吃蔬菜"的文字，暗指食品能帮幼儿爱上蔬菜。

"儿童"食品包装通过格外鲜艳的颜色和闪闪发光的水果仿佛给孩子做出了口味上的"承诺"。大多数美国儿童每天都吃的食材，例如香蕉和燕麦片，与成年人常吃的更复杂的食材（例如石榴和肉桂）混合在一起，另外还有诱人的巧克力。在这一点上，父母的困境，同时也是品牌需要被他们了解和认识的，是如何为固执的、渴望被视为大人的孩子提供健康的食物。

在我讨论的这种策略当中，品牌结构是通过包装来体现的，因为它与消费者的感受密切相关。该公司了解不同年龄段孩子的父母会有不同的担忧，并通过直接解决这些问题来传达产品内涵。这种方法比简单地给商品贴上"婴儿""幼儿"和"儿童"的标签或是选择不同的包装形式更让消费者觉得贴心。

当你可以找到消费者需要你的品牌结构的原因，也确定了品牌价值时，想要了解如何在包装或固定设施上使用符号，就会变得容易得多。

电子商务

问题

在本书涉及未来的 4 章中，我花了很大篇幅谈论电子商务。在那里，我们看到了未来，"电子商务"作为一个词和一个概念，与"全渠道营销"和"娱乐化购物"一样，没有能描述企业将如何争夺那些在线上花费的时间超过或等于线下花费的时间的消费群体。这个消费群体不在乎"渠道"，只在乎新奇的体验和即时的愿望能被实现。如果我们依赖电子商务、渠道和娱乐化购物，从长远来看，我们可能做得还是太少，以至于无法挽救我们的业务。

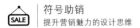
我相信你已经知道这一切，但现在你仍然有悬而未决的问题，例如：

● 我们如何设计一个好的电子商务网站？

● 一个放在社交媒体上的 15 秒宣传视频中应该具备什么元素？

● 如果人们用移动电子设备购物，那么什么样的产品图片才是好的？

答案

让我们倒回去来解答这些问题。一张好的图片可以让产品清晰可见——这是它的首要任务。如果有机会展示多张图片，请附上一张为包装尺寸提供视觉参考的图片，因为包装尺寸是人们经常感到困惑的地方。在为世界特定地区或电子商务平台选择图片时，请遵循当地习惯。习惯了亚马逊平台的西方消费者希望看到一张"主要"产品图片，即只有一件商品在镜头中，并且周围留有大量空白区域。但在京东和来赞达等平台上，在图片中添加元素（例如文字）来告知消费者有折扣或给图片加上装饰边框的做法是很常见的。不要想太多。你不需要决定哪种方法是"最好的"。消费者会倾向于他们习惯的展示方式，而改变他们的品位不是你的任务。

如果说图片适合定格瞬间并以最佳角度展示产品，那么视频当然更适合捕捉移动的东西。15 秒足以向消费者展示某些产品在使用时会发生怎样的变化。许多产品，从烤箱清洁剂到教育用品，都声称可以改变用户的生活；一个 15 秒的视频就能给你这个机会去展示或让人想象这种转变。请记住，利用视频，你正在帮助消费者开启一场愉快的幻想之旅，因此用视频让消费者直接感受一定优先于用静态文本和图片向消费者传达理性说明。

一个好的电子商务网站除了具有想象力、创意和关怀之外，还应该易于浏览和使用。下文马上给你带来一个例子。

例子

万那比玩具（Wannabe Toys）是一家销售面向成年人的玩具的意大利零售企业，主营产品为可动人偶和收藏品。其网站采用的是传统结构，因此易于浏览。其网站有一个登录页面、一个返回列表的搜索功能、单个产品页面，还有一个付款页面。这使得它操作起来非常简单。但除了这种可靠和熟悉的结构之外，他们还不遗余力地让购物体验变得尽可能神奇和亲切，没有一个细节被忽略。例如：

● 如果你使用台式电脑访问该网站，就像我一样，你会发现传统的箭头光标会变成一个精致的光环，后面跟着阴影，这样你就可以清楚地看到屏幕上将要点击的区域。

● 网站上的任何地方都没有用白色作为背景色。除了付款和结账页面为黑色外，所有页面都是用怀旧的棕褐色作为背景色。

● 网站上至少有一种字体，即用于标题等优先信息的字体，是定制设计的。因为字母很大，所以可以清楚地看到其精美的细节。

● 产品图片也很大，占据了屏幕上的大部分空间。零售商似乎觉得没有必要通过向消费者展示数百张小图片来打动他们，而是更喜欢根据消费者从文本菜单中的选择，在特定时刻向他们展示2到3件产品的大而精美的特写图，从而给消费者留下深刻印象。

● 文字不会突然弹出或闪现在消费者面前。它会缓慢滚动出现。

这个网站并没有使用前卫的设计。无论你的技术熟练程度如何，都可以知道如何使用它。然而，网站设计的每一个细节都充满爱意且富有想象力，让消费者产生一种梦幻而极度亢奋的体验，通过这种方式成功把消费者吸引。我强烈建议你去看一看这个网站。

全球化营销

问题
符号分析可以给我们带来有关设计、包装和商品展示的实用建议。这些建议都是从文化角度提出的。在实践中，这意味着作为卖家或者使用符号学的人，你将经常接受或者能够找到为特定区域或特定商品种类所做的营销建议。法国的个人护理产品和美国加利福尼亚州宠物食品的营销策略不可避免地会不相同，因此了解文化差异能带来更好的沟通效果，打造更成功的品牌。不过最终，许多营销人员都会提出以下问题：

- 符号学是否揭示全球适用的营销和零售规则？
- 是否存在具有普遍吸引力的符号，比如某种文字或图像？

答案

有一些策略适用于大多数地域和商品种类。我知道的就有几十个这样的策略，其中有几个在本书中反复出现。因为你阅读本章是为了快速寻找答案，所以这里有一些不会让你失望的符号和设计策略。

弧线似乎是普遍受欢迎的符号。可能你在销售科学器械或需要表达"精确"意思的产品、服务时，需要使用尖角符号，但是大部分时间使用弧线更有效。它能让超市粗犷的线条变得柔和，让超市入口变得特别。

世界各地的文化都欣赏自然，事实上，这是人们喜欢弧线的原因之一。你可以在大多数商品中引入树木、花卉、太阳和其他

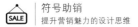
大自然中的物体作为营销传播的元素。

成年人和儿童一样，都认同代表快乐的符号，比如气球。更重要的是，许多人都喜欢传统的配色。孩子们知道基础色的物品更适合他们，而成年人则认为深红、蓝、绿和灰色代表着成年人的经历或场合。

消费者认为，将真正的创造力、想象力和对细节的关注运用在包装、固定设施、商店设计等上，都能体现商家对消费者的关怀，这意味着品牌商或零售商关心消费者，并觉得消费者值得它们努力让事物变得美丽和舒适。

例子

在这最后一节当中，我将向你介绍 2 个实例。第一个是便利店如何用心吸引消费者的好例子。该店是沃博联（Walgreens Boots Alliance）旗下企业博姿（Boots）连锁药店中的一个分店，我与它合作过。该分店是位于印度尼西亚的旗舰店，于 2021 年 5 月成立。

第二个例子是一个名为霍夫斯塔德光学眼镜店（Hofstede Optiek）的荷兰眼镜店，由荷兰建筑师诺沃特尼·阿特利尔（Nowotny Atelier）设计，见图 11-1。它体现了相同的原则，但更进一步，向我们展示其实有更多目标是可以被实现的。如果你查看这些商店，你将看到它们是如何使用我上面列出的设计原则的：

● 都很会使用弧线。博姿的门店有一个好看的弧形外观，并添加了草写体文字和拖尾装饰。

● 霍夫斯塔德光学眼镜店采用曲线设计，使商店的内部看起来像在大自然中，让人仿佛置身于洞穴或气泡内。内部家具使用了许多天然木材。

● 博姿知道气球是公认的庆祝标志，正好适合新旗舰店开张时使用。

● 霍夫斯塔德光学眼镜店不是开派对的地方，但其精心设计的照明几乎营造出高档酒吧的感觉。

图 11-1　诺沃特尼·阿特利尔设计的霍夫斯塔德光学眼镜店
［经霍夫斯塔德光学眼镜店及拉乌尔·萨蒙德（Raoul Suermondt）
建筑摄影师同意后使用］

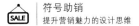

● 两家商店都选择了可以吸引成年人的颜色。博姿选择了精致的深蓝色，霍夫斯塔德光学眼镜店则用迷人的紫色点缀其天然奶油色和原木色主色。

如果你喜欢本章的内容，但还没有阅读本书的其他部分，我鼓励你阅读前面的章节，所有这些主题在其他部分都有更深入的讨论。如果你热衷于自己做一些符号学分析，请阅读第十二章。

第十二章
如何用符号学想出好点子

　　欢迎来到本书的最后一章，我在本章中完成了我在第一章中为自己设定的任务。我承诺要帮助你形成一种符号学观点或视角，让你可以将符号学知识应用于品牌建设、营销业务或独特的消费者行为研究中。据我的经验，掌握这种观点的最好方法是学习一种被称为"自上而下"分析的技能。让我简要地让你回忆起来那是什么。

　　"自上而下"分析是符号学研究中一项非常重要的活动，对我来说，在我做研究时它占据了我一大半的思考时间。它涉及一系列提示问题和假设以及如何应用于市场、产品或品牌中的内容。它涉及的不是例如"绿色是否意味着健康？"或"我们应该使用新罗马字体吗？"这样的小问题，因为这些都是"自下而上"

分析的问题。"自上而下"分析都是针对社会如何组织以及我们如何看待现实的大问题。每个进行"自上而下"分析的符号学学者都有一组这样的问题，确切问题因人而异，但可能只是略有不同，具体取决于个人经验和研究兴趣。我自己的个人问题清单上有几十个问题。在本章中，为了你读取方便，我将一些最有用的内容按专题分为 5 组。

问题和提示都很有挑战性，但它们会让你产生具有战略意义且具有颠覆性的新想法，你以这种方式得到惊人的回报。所有的提示都要求你从一个特定的、符号学的角度看待你周围的世界，如果你坚持下去，这种技能会不断加强。一段时间后，你将获得大量提示，使你能够就几乎任何主题产生原创想法，并且无须查看提示信息即可轻松产生这些想法。

本章内容能帮助你

在本章中，我将分享一些我作为符号学家在工作中使用的提示。我使用它们是因为它们启发了我的创造性思维并给了我见解。在本章结束时，你将能够：

● 掌握 15 个独特的提示来帮助你重新思考零售营销的各个方面。

● 学习此处提供的范例，并将每个提示应用于实际工作中，应对始终存在的挑战，比如改善物流、吸引消费者注意力、安抚忠诚但不满的消费者以及回应消费者为创造更好的生活而做的重大努力。

● 如果你很想找到符号学的突破性发现，请抓住进一步进行原创符号学研究的机会，本章列举了5种研究途径，每一种当中都有提示。

现实处于危机中

观点

"现实处于危机中"是一个我不会随便使用的短句，尽管它能作为一个引人注目的标题符号。近几十年来，随着数字文化的兴起，曾经看似可靠的思想和制度普遍变得不那么确定了。对权威人物、科学、主流宗教的信仰受到冲击，过去用来指导和塑造行为的各种社会规范，例如性别角色、性格和公民观念也受到了动摇。

现实陷入危机的后果是很严重的。一方面，它与当代的痼疾有关，例如焦虑、身份认同危机、因假信息而迷失方向。另一方面，如果人们不急于摆脱或打破现实，那么现实崩溃的情况可能就不会发生。但它给消费者带来的积极影响包括：比以前有更多的权利和自由来决定自己是谁；除了有一份稳定的工作，人们获得报酬的方式更多了；创造性工作兴起；数字空间和文化的许多方面都比之前的现实世界更加令人兴奋。

以下是我日常使用的 3 个假设，都与这个根本的假设有关。亚马逊公司、建筑和洗衣液的案例则为我们提供了有用的示范。

提示："文字之外没有他物"

这个短句在符号学中很常见，也是学术辩论的主题。我们在这里不必纠结。我并没有请你与这个短句一较高下，只是认可它是一个有用的假设，它可能意味着"除了人造符号之外，没有什么能让我们进入这个世界。"虽然这不是符号学学术理论的全部内容，但也足以让我们营销人员行动起来。

机会

这里有一个机会，可以让你的想象力尽情释放。出于实际目的，如果说没有任何东西超出符号及其在人类交流中的应用的范畴，那么一切都在该领域内并且可以商量。符号学邀请你参与挑战和打破迄今可能阻碍你的固有假设，比如婴儿、幼儿和儿童之间看似明显的差异，或关于零售的传统观念。

例子

在本书的前面，我提到了亚马逊公司获得专利的类似于蜂箱的建筑设计。它有许多小入口，远高于路面标高，人类不易进入，它是专为无人机设计的。乍一看，建筑设计显而易见地应该将人的需求放在首位。但也许"文字之外没有他物"，也就是说，没有绝对的规定。如果是这样，我们开始意识到，我们在设计建筑时主要受到自己对事物应有方式看法的限制。只有挣脱这种束缚，才会更容易设计出不同凡响的新式建筑。

提示："我曾经在哪里见过这个场景？"

有一种观点认为，今天的互联网用户拥有众多可用的科技工具和发挥想象力的机会，但最终他们只追问一个问题："它是什么？"试图回答这个问题的人，比如，当他们遇到你的新产品或新商店时，会从熟悉的参考内容开始思考，因为这就是他们所知道的一切。

机会

设计产品、品牌和营销传播时，有策略地使用消费者熟悉的主题或比喻，即使你提供的是新产品。这很容易让消费者理解并将他们的期望引向商家所希望的方向。

例子

"我曾经在哪里见过这个场景？"将亚马逊公司的建筑比喻为"蜂巢"，这个问题就能得到完美的答案。尽管按照工业建筑的标准，这座建筑的设计也相当激进，有时在外行看来甚至还有些古怪，但消费者对蜂巢却是熟悉的，甚至认为其是舒适的体现。这种思维甚至让无人机看起来更好——蜜蜂是勤奋的工人，它们对环境很友好，不会对人类造成滋扰。这个比喻突出了建筑物的健康、美丽和创意。

提示："如果某事是正确的，那么它的反面也同样正确"

这是一个假设，也是一种称为"真实性"的技巧，在我的第一本书《营销符号学》中对此有详细说明。简单来说，你应该识别出"人人都知道"且适用于你的产品或行业的一些基本主张，建立这些主张的合理反面，找到证据和一些反面也正确的例子。

机会

最大的机会是为品牌确定令人耳目一新的点子。宝莹（Persil）洗衣粉有一个著名的广告宣传语："污垢是好的"，它是基于一个对立的事实提出的。它利用了消费者认为污垢不好的传统观念，并找到了一个有创意但合理的方法来反转它。

例子

我在整个亚马逊公司及其与竞争对手的对战中察觉到了对立的思想。早期，网络零售商接受诸如"人们在购买商品之前不需要看到商品"和"人们当然会通过在网页输入他们的信用卡密码和其他详细信息来体现对我们的信任"等对立的"真理"，这在当时是有争议的。最近，当实体店以亚马逊无人便利店和盒马的形式出现时，我们也观察到了这一点，虽然它们似乎也有被淘汰的危险。试着运用反面思维，看看它会把你带到哪里。

现实正在构建中

观点

本节中的提示基于对现实的不同看法，即社会是多变的，有时是脆弱的和有文化特定性的。与关注危机或现实的崩溃不同，我们可能会看到一个漫长的、建设的过程。的确，如果说有一件事是今天的消费者想做的，那就是他们希望积极参与到消费者、品牌和零售商之间的三元关系中。他们希望被咨询和被倾听，这与早期的营销不同。在早期的营销中，品牌希望消费者无条件地信任、吸收广告传达给他们的信息，并在被邀请的情况下填写问卷调查。

尽管消费者有时会感到沮丧，因为他们自信地认为真实的事物很脆弱，但大多数人同时对某种力量最终属于他们而感到高兴。想到普通人有机会塑造未来和改变历史，真是令人兴奋。同样令人兴奋的是，即使是他们使用语言、购物、工作和娱乐方式的微小变化也能推动个人自由度的提升、更大的社会变革和更美好的明天的打造。

以下是我最常用的 3 个提示，这些提示与此假设相关，即现实正在构建中，且人们喜欢参与其中。

提示："选择即有意义"

所有的交流，无论是业余的还是专业的，都是"被设计的"。

只要有设计决策，就会有意义的表达、交流的可能和有助于塑造现实的行动。如果你生产某种食品，你所有的竞争对手都使用长方形包装，而你的产品用金字塔形包装，比如三角巧克力牌Toblerone 巧克力、宝洁牌茶包和舒洁牌面巾纸，这说明你至少正在努力让事物变得有趣，让消费者感到兴奋。

机会

意识到消费者实际上希望体验你的产品或认为你的产品有意义时，机会就来了。意义可以来自你或消费者中的任何一方。对你而言，对你的平面设计或营销文案进行微小的修改可以帮助消费者为你的产品赋予意义，即使这些意义很简单，比如传达出"产品很优质，值得多花一点钱"。对消费者而言，每次进行选择时，例如通过打造他们自己的产品包、选择和命名新产品或用他们的钱来投资社会事业，就是在给他们讲述自己故事的机会，让其他消费者知道为什么他们和他们的行为很重要。

例子

消费者喜欢定制产品的原因之一是因为他们的选择、设计决定赋予了物品意义。这就是特别订购的个性化车牌与碰巧有名字首字母的钥匙圈之间的区别，这种钥匙圈是消费者从带有人名首字母的预制物品中挑出来的，而个性化车牌是消费者亲自参与制订设计方案的。

提示:"现实中稀松平常的特征是如何构建的? 它们在不同地方的表现有何不同?"

当我使用这个提示时,我要求自己思考符号设计和看似司空见惯的事物的构造有什么区别。处理这个问题的一个好方法是了解一下,现实中理所当然的事情如何在不同的情况下表现出不同之处。一些非常普通的、没有争议的想法,例如"家庭聚餐"或"超市"也可能非常多变,不仅体现在细节上,而且体现在这些细节所反映出的地域和文化价值上。

机会

获得机会的办法就是要学会了解为何某些版本的现实被重视。如果你明白这一点,你就会增进对消费者的了解。抓住重点的一个好方法就是看看它在世界不同地区都是如何构建的。

例子

这是关于博姿的一个真实案例。我最近与一位客户就零售符号进行了一次非常有趣的对话。我们中的一个人喜欢说"药房(pharmacy)",另一个人喜欢说"药店(drug store)"。起初,我们认为这些词是可互换的,但很快意识到它们的不同。"药房"体现了药剂师的特殊执照和专业知识。没有药剂师,就没有药房。重视专业知识的法国人把"药房"作为首选词也就并不奇怪了。"药店"描述了一个购物机会。在美国,药店里可能有一个可以配药的药房柜台,但也提供数百种其他生活必需品以方便消费者购买,所以美国人首选"药店"这个名称并不令人意外。当我们明白语言是如何与文化联系起来之后，我们才能更好地知道是打造"药房"还是"药店"。

提示："我们能够想象什么样的新版本现实？我们正在走进什么样的新版本现实？"

在写本书的时候，我经常问自己这些问题，因为符号学研究带来了很多具有挑战性的观察。例如，几年来我一直对游戏与工作融合的方式感兴趣，并首先在一篇名为《符号学中看未来》（*Futurology Through Semiotics*）的论文中写到这个主题。在当时，这只是一个预测。现在，它已经成为现实，成为"边玩边赚"的商业模式。这让我想到了一个新的预测，那就是游戏很快会摆脱工作的束缚，并被重新认定为是一种前卫形式。

机会

这个提示带来的机会是设想新的未来，这是一个大胆的举动，但是当手头有概念工具时，我们的信心就可以增强。随着时间的推移，你将学会识别"现实的版本"，然后识别不同版本的现实之间的冲突或变化。当你看到现实是如何依赖于偶然和多变的想法时，你将能够想象未来，包括尚未发生的未来商业场景。

例子

当我写下这些话并再次将注意力转移到游戏与工作之间不断变化的关系上时，我想起了"达利奇小屋"（The Shed at Dulwich）

这个有趣且颇具颠覆性的项目，它是英国记者乌巴·巴特勒（Oobah Butler）创建的虚拟餐厅。2017 年，它曾一度成为猫途鹰（Trip Advisor）点评应用程序上评分最高的伦敦餐厅，尽管该场所从未营业或服务过任何客人。后来，为了庆祝它的成功，它只营业了一晚，为 10 位坐在户外花园里的毫无戒心的客人提供微波炉即食餐。当然，作为对点评软件的批判，该项目有其严肃的一面。它因其新奇，很受大众欢迎。如果你的品牌或商店也想变得有趣，那么我建议你去这种看似毫无生产力、非工作的地方寻找灵感。

所有成功都是集体努力的结果

观点

这是一个有用的短语："共识现实"。事实证明，对于忙碌的营销人员来说，它的可用性令人惊讶，尽管它的学术渊源可能让人们觉得会有繁重的工作要做。共识现实描述了你所处的现实，并假设它是通过共同协议而存在的的。关于什么是真实，什么不是真实的共识似乎是人类大多数显著成就的必要基础，这里的成就是指诸如疫苗研发、飞行、探索太空和发明互联网等。它就像一套生活游戏的规则。

正如我们之前所讨论的那样，现实存在不同版本，有时它们还会相互竞争。人们对世界有截然不同的看法，这些看法是在他们接触外界环境时形成的。我们还可以看到，有些人在很多时候或多或少地处于共识现实之外。这些人当中有孩子，因为他们还没有完全学习和接受共识现实，所以会说一些古怪的话。还有超现实主义艺术家，他们的工作就是通过揭示其他世界来动摇共识现实的基础。

从支持人类文明不断进步这个意义上来说，共识现实是"可用"的，而且在大多数情况下，对于大多数人来说，它也是安全的。没有多少人喜欢做局外人，在集体中会让人感到安慰。更重要的是，尽管今天的数字文化有其残酷的一面——尤其是在社交媒体方面——但它也带来了创造力和合作效果的提升，因为人们发现了在团体中享受乐趣的机会。

提示："你在哪里看到人们组团？他们正在履行哪些社会职能？"

在可能的情况下，观察消费者的对话。看看他们是如何组团的，并就他们是什么样的群体、他们认可什么样的现实版本以及组团的是什么样的人做出陈述。当人们去线上论坛详细地将自己归类为焦虑的新手妈妈或寻求正义的受压迫者时，他们就会将他们所在的社群也塑造成这样。

机会

当你注意到人们意识到现实是集体的活动，并希望他们自身有能力塑造它时，机会就来了。更重要的是，他们想做的一些事

情只有通过团队合作才能更好地实现。企业可以选择对此做出更
多回应。

例子

一个简单的例子是通过满足他们恢复"过去的样子"的要
求来取悦那些对变化感到不满意的群体。动视暴雪（Activision
Blizzard）公司发行的游戏《魔兽世界》（*World of Warcraft*）是世
界上寿命最长的多人游戏之一，于 2004 年首次推出。到 21 世纪
10 年代后期，老玩家和后期加入的新玩家之间出现了明显的分
裂。老玩家在这款游戏中投入了约 15 年的精力，而新玩家只需
使用易于访问和简单的指令。动视暴雪在 2019 年时对此做出了
回应，推出了《魔兽世界：经典版》，将老玩家带回 2004 年的
场景中。它与现在被人们私底下称为"零售魔兽"的现代版游戏
是没有关联的。虽然动视暴雪公司没有公布订阅者数量，该公司
企业也存在公关问题。但《魔兽世界：经典版》被广泛认为是商
业上的成功，并且可能使《魔兽世界》游戏产品的活跃用户数翻
一番[①]。

**提示："你在哪里看到人们相互投资？什么样的东西吸引
投资？"**

当网络社区形成时，或者当线下关系在线上体现时，人们会

---

① 据报道，在《魔兽世界：经典版》推出后的 3 个月至 6 个月内的统计结果显示，
这款游戏使动视暴雪公司创下史上最高的季度营收。

相互投资，也可能投资于更大的群体。心理学家研究认为，用金钱、时间或感情相互投资是一种亲社会行为。他们通常发现亲社会行为让人感觉良好，对于做出这种行为的人及其接受者来说皆是如此。

机会

机会就是为人们提供更多建立或巩固彼此关系的方法。在前文，我谈到了创作者经济和消费者愿意通过购买直接面向消费者的品牌、捐赠、投票、点赞或其他方式来体现支持。通常，这意味着他们将钱交给陌生人或他们在准社会关系中仅认识但不熟悉的人。同样，他们也会投资于线下存在的关系。我的一位参加了家庭聚会的朋友说，他们"需要"上脸书为一些人的照片点赞，因为不这样做，他们将无法在他们期望的地方表达出自己的喜爱之情。

例子

使用可以接触到小伙伴建议和支持的论坛是增加消费者与品牌互动的好方法。努姆（Noom）是一个在线减肥应用程序，是一个数字工具，主要特点是可以跟踪用户的运动和食物摄入情况，包含大量的心理学技巧以及与分配给你的专家进行一定次数的一对一咨询的机会。除此之外，努姆明智地将用户放入同伴支持小组中。一些用户，特别是美国的用户，非常愿意分享他们的个人经历并让小组凝聚起来。在为市场研究目的而组建的人工临时在线社区中有时也会看到类似的行为。只要有关系的地方大家就会有投入。

提示："你在哪里看到增强的能量？分析兴奋究竟是什么？"

我把兴奋这个话题放在了"群体"这个主题下，是因为当兴奋影响到群体时会达到更高的高度，并且持续时间更久。我认为，兴奋的标志之一是人们互相详细地谈论他们有多兴奋。当我们在第六章谈到游戏驿站公司的传奇时，我引用了一位红迪论坛用户的留言，他发表了热情洋溢的"演讲"，说出了令人振奋的想法。每当你看到有人兴奋时，我鼓励你仔细观察，因为即使是微不足道的事情，也可以用崇高的理想和珍贵的感情来包装。

机会

当你意识到，人们开始向你透露他们认为某事非常重要时，机会就来了。然后，你就有机会将这些理念和价值观融入自身业务和品牌，并向人们展示你知道对他们来说什么是重要的。如果你仔细想想，会发现人们突然开始发表关于爱、荣誉以及创造历史的言论，这通常超出了大多数市场研究焦点小组的预期。因此，作为符号学家，我自己在研究时，会非常注意这些情况。

例子

多种多样的团体活动是观察人们对兴奋的表达的最佳时机之一。作为营销人员，我给你的诚实建议就是找到兴奋和灵感的有机来源，并尽己所能给处于兴奋和灵感十足状态下的人们加油鼓劲。例如，帮助他们庆祝生日。同时，还有一些商业顾问会告诉你，你的企业应该努力打造世界上最鼓舞人心的品牌，但根据本书的研究，我并没有得出相同的结论，我认为这太过了，而且优先顺序错了。人们想要拥有快乐和激励他人的能力。他们不希望你的品牌成为世界上最鼓舞人心的品牌，从而夺取他们应有的"专属荣耀"。你应该支持自然产生的灵感，让人们拥有他们通过努力所得到的一切。

如何解读故事

观点

本书有很多关于讲故事的内容。例如，我们在第五章中看到，不同的故事如何融入一场购物狂欢中。我无意在此重复整个分析过程，也不想说我关注故事是因为它们很有趣。我想传达的是我是如何处理故事的，无论它们是在消费者谈话中还是在营销传播中被使用。事实上，人们可以选择在故事中寻找的东西很多，比如他们处理时态、场景、节奏的方式以及第三人称与第一人称叙述方式的不同之处在哪里。符号学长期以来从跨学科合作中受益匪浅，所以我经常借用话语分析和会话分析的技巧来讲故事。这些技巧也来自叙事学，文学理论的一个分支。如果你对解读故事充满热情，这些都是你能发现宝藏的地方。

在本节中，我提供了 3 个我最喜欢的解读故事的提示。故事解决了焦虑和恐惧，使人们愿望成真，让人感到非常安全和欣慰，其中一些还提供了需要解答的趣味谜题。学会欣赏故事的价值功能有助于营销人员充分利用它们。

提示："故事是神话吗？"

具体来说，商业故事是否像童话故事一样试图解释或缓解常见的焦虑？我曾在一本书中，介绍过一种借用神话的创新技巧——符号矩阵，但在这里我就不赘述了。有一些焦虑始终存在，例如欺骗性外表的问题。事实上，在网络诈骗和网络自夸泛滥的时代，这种古老的焦虑似乎比以往任何时候都更加严峻。像"白雪公主"和"美女与野兽"这样的童话故事之所以成功，是因为它们让我们知道坏事有时是有诱惑力的，并让自己确信好事有时会以非常规的形式出现。

机会

神话故事是符号学家非常喜欢的一类故事，尤其是那些服务于商界的神话故事，因为在此类故事模板中，品牌很容易能充当缓解冲突和解决问题的角色。

例子

有2个很好的例子。英国清洁网红欣奇太太是一个单身女性品牌的创始人和白手起家的知名人物，她解决了许多女性自己做家务的问题：如何平衡清洁厕所等不愉快、地位低下的家务和成为女性魅力典范之间的关系。她设法解决了这一问题，同时保持自我意识和"保持真实"，这证明了她的营销能力。另一个例子是罗宾汉投资应用程序的例子，该应用程序向日内交易者出售了数千股股票，这无疑部分得益于其品牌营销。该企业在塑造品牌时援引了一个经久不衰的神话，即一个侠盗从压榨穷人的富人那里偷东西后再分给穷人。

提示："每个故事里面都有另一个故事，隐藏在字里行间，等待被发现。"

我发现今天的消费者，也许是因为他们对多重现实感到相对舒适，当他们能够在故事中发现另一个故事时，他们会很高兴。当他们愿意时，他们可以经常这样做，而且只有在某些时候，事情才会按照品牌喜欢的方式推进。如果你讲述一个品牌故事，描述你的企业有多关心消费者，人们会试图发现它不体贴的地方，这些地方往往在文字中有暗示。这对企业来说很不利，但我们不能责怪消费者的质疑。

机会

在品牌和营销传播的故事中隐藏好另一个故事，然后消费者可能会产生发现另一个故事的乐趣，这时机会就来了。这让我想起了侦探小说的"黄金时代"，侦探小说热从 1920 年到 1945 年在西方持续。当时的读者对阿加莎·克里斯蒂（Agatha Christie）这样的侦探小说作家的作品欲罢不能。他们的小说围绕着"凶杀嫌疑"谜题展开，通常涉及凶手的身份和动机。对于读者来说，自己能先于故事里的侦探和他们的朋友通过拼凑线索解开谜题，这就是故事给他们带来的乐趣和巨大的胜利。

例子

人们喜欢揭开事物背后的"真实故事"，它特别适用于品牌创始人特立独行或突然改变经营方向的品牌。苹果作为一个品牌很有趣，因为它的创始人乔布斯与众不同，尤其是当人们发现乔布斯经常吃苹果，并以苹果作为企业名字的来源时，这让苹果这个品牌变得更有意思了。美泰（Mattel）这个品牌更有趣。听说创始人刚开始试图创办一家制造相框的企业，但因痴迷于建造娃娃屋，从而创办了一家玩具企业。故事不一定要完全真实才能发挥其魅力，重要的是当人们自己发现某事物时他们会感到愉悦。

提示："故事是否包含公正的假设？美德最终会被奖励吗？努力遵守社会规范会带来成功吗？"

许多人喜欢一夜暴富的故事。在这些故事中，某人通过中彩票或发现自己能使用魔法而跳入另一种生活。这些故事之所以吸引人，是因为它让人感受它可能发生在任何人身上，它也可能发生在我身上。同时，大多数人意识到他们不会中彩票或收到哈利·波特中的魔法学校霍格沃茨的邀请。他们也不痴迷于成为天才发明家或特立独行的人。大多数人只是想以传统的方式过好日子。他们很努力，根据当地文化的准则做正确的事情，他们希望并确信这会得到回报。许多年前，我读过一篇对电视情景喜剧的分析，其中说电视剧的最终结局总是常规的。故事中的事件会以有趣的方式打破常规，但到最后总能恢复正常秩序。如果不是这样，这个故事可能就是令人不安而非有趣的了。

机会

让人们放心，他们正直地行事就是在做正确的事情，这样你的机会就来了。有关意外好运的故事是好的，但可能更好的是正义占上风的故事。每一种行为都会产生一定的后果。遵守广泛认同的原则或传统美德的人会得到奖励，而不法者最终会被追究责任。

例子

我在前文中提到了法国人喜欢说"药房"，我还为法国的或想要模仿法国风格的美妆品牌做了很多工作。如果你与欧洲美妆品牌合作过，就会知道法国女性消费者通常会选择比较保守的品牌。他们不容易被华丽的彩妆和闪光小物品影响。然而，他们对美丽非常感兴趣，认为美丽源于好皮肤，而好皮肤又源于对传统产品的忠诚，这些产品通常由值得信赖的药剂师销售。这种"安全行事"的消费者喜欢看到自己这种策略的回报和成功。当故事和道德标准不属于她们自己的文化时，她们甚至也会喜欢它，这就是为什么非法国女性在到访巴黎时会兴奋地囤积药房的护肤品，因为少即是多的法式审美被视为是难以捉摸的和神秘的，而法国女性消费者对传统、低调的药房品牌的忠诚更加强了她们的这种看法。

如何追踪权利

观点

权利很重要。即使在最稀松平常的购物行为中，它也永远不会均匀分布，并且始终存在。有些购物体验让人们觉得"消费者永远是对的"，然后有些体验让人们觉得自己没有完全被好好对待，或者没有正确地"成为被好好对待的消费者"。消费者目前对他们自己、品牌和零售商之间存在的力量关系非常敏感，所以在他们给你带来惊喜之前，这些问题很值得你思考。

我在本书中提到权利的另一个原因是，除了在商店里感到自己作为消费者受欢迎之外，消费者想要更大的权利，因此零售商和营销人员可以仔细思考他们想要什么样的权利、是怎样缺乏权利的以及他们计划要怎样做。这些都是有益的。消费者感觉到社交媒体和消费者行动主义是有力量的，但他们还没有实现自己的梦想。

提示："如何用身份认同的假设塑造主题或情境？"

我喜欢这个问题的原因不仅因为我个人对努力打造一个平等和正义的世界感兴趣，而且因为我认为这是共同的价值观。我之所以问这个问题是因为当我想把它引到诸如品牌和零售等新话题上时，它通常会带来意想不到的见解。使用此提示的一个好方法是将其应用于线上和线下的营销传播中。如果你看到一个被描绘或暗示的人，并且怀疑可能会出现刻板印象，请利用你的想象力将另一个群体的人放入情境中，看看故事是否会发生变化，变得更有趣或更不合理。

机会

这个练习有 2 个有用的结果。首先，它可以帮助你的品牌或组织更具包容性，这对当今消费者来说至关重要。第六章详细讨论了包容性的内容，在第三章我谈到了消费者的欲望以及被排除在消费之外的感觉。其次，它揭示了营销传播中的默认假设，并能让你就保留或放弃这些假设做出明智的决定。

例子

2018 年，美国个人护理公司金佰利（Kimberly–Clark）将其一款面巾纸重新命名，当时这款面巾纸名为"舒洁男士尺寸面巾纸"。这块更大、更厚的纸巾于 1956 年首次推出，最初被称为"男用面巾纸"，因为在 20 世纪下半叶，市场营销人士认为需要不断向男性保证各种产品能体现男子气概。人们可以看到我们最终是如何用"男士尺寸"这个更加自信，不那么让人焦虑，但仍能体现男子气概的方式来瞄准同一消费者群体的，理由是，一般来说男性的体格比女性大。最终在 2018 年，当社会已经朝着需要警惕性别歧视的方向转变时，消费者开始投诉了。金佰利改用新名字后的反响很好，但从符号学的角度来看，该企业本可以在投诉出现之前就介入。该产品现在已改名为"舒洁加大号面巾纸"。

提示："是否有管理和传递权利的机制？"

餐厅、美发屋和美容院，甚至语言学校等服务机构都会引导消费者完成预先设定的流程。服务提供商刚开始可能比较恭顺，但是，一旦流程开始，消费者就没有很多权利了，并且很可能会按照预定流程来完成，即使这会导致消费者满意度下降。我曾经代表欧莱雅集团进行一项研究，其中需要陪同年轻女性前往美发沙龙。一位参与者在理发后坐在酒吧里时看起来像霜打的茄子。从技术上讲，也许她已经得到了她表示想要的时尚发型，但是当造型师开始这个过程并停止向她提问时，她的权利就被夺走了。哲学家德勒兹（Deleuze）和加塔里（Guattari）认为机器是一个很好的比喻，我们可以将美发沙龙视为一台理发的机器，而将超市视为一台类似于"每周进行一次大采买"的机器。

机会

你可能觉得消费者处于相对强势的位置，但他们感觉掌控权并不是时时都在自己手中，这时候你的机会就来了。他们并不特别喜欢被吸进机器中的感觉，当然当他们认为没有更好的方法可以实现自己的目标时，他们也会屈服于上文提到的那种"机器"。

例子

谈到感觉被吸进机器这个话题，2017年，一位名叫保罗·弗兰克斯（Paul Franks）的推特用户在推特上向埃隆·马斯克提出了一条关于特斯拉的具体要求。弗兰克斯问道："你们能不能给汽车编程，让汽车在停车后座椅向后移动并抬起方向盘？像现在这样，方向盘都要磨坏了。"30分钟后，马斯克回答道："好的。我们将在即将发布的汽车软件中添加这一功能让特斯拉的所有汽车都能使用。"你可能会争辩，承诺并不是现实，且马斯克给出的时间段很模糊。你也会认为公众能够直接与任何企业的首席执行官交谈已经是一种不寻常的情况。但就后一点而言，这种不寻常的情况是被数字赋能的消费者所期待的。此外，如果连马斯克都能够在30分钟内回应此类要求，那么沙龙美发师也应该可以在理发过程中与消费者进行交流，以防他们感到紧张或不安。

提示："谁掌握并保持权利？获得和保持权利有什么好处？"

当我在第七章讨论去中心化经济时，我们遇到过类似的问题。去中心化经济有些自相矛盾。一方面，它们是许多人的理想。它直觉上看起来很民主。然而，让去中心化经济和创作者经济蓬勃发展的工具和平台通常是私有的。个体消费者的权利在一定程度上是虚幻的，对大多数人来说，获得权利的目标仍未实现。

机会

意识到人们的雄心受挫时，你的机会就来了。当你看到机构和消费者之间权利不平衡时，问一问，如果消费者处于更有权利的位置中会有何益处，可能只是简单地获得报酬和享受经济保障。可能是他们想要更多更好的方式来掌控自己的个人生活，例如拥有资源来实现他们的创意或商业理念。许多人希望过一种有抱负的生活，和朋友一起享受或激动，或放松的休闲时光。作为营销人员，当我们注意到人们想要但没有的东西的时候，我们的机会就来了。

例子

2021 年 5 月，谷歌公司的罗南·哈里斯（Ronan Harris）宣布谷歌职业认证课程已在英国启动。谷歌向项目管理、用户体验设计和数据分析方面的认证课程收取几百英镑的费用。课程在参与者需要投入的时间以及费用方面还是很有竞争力的。此举在某种程度上可被视为谷歌公司进军教育领域，与大学展开竞争的开始。再举一个耐克公司的例子。耐克公司通过鼓励每个人参加它的在线培训，让他们在成长、变得强大后出现在观众面前展示自己的成果。这点让耐克表现亮眼。

尾声

亲爱的读者，我们已经到了本书的尾声，但如果你愿意加入我的行列，阅读本书也可能是你符号学之旅的开始。我强烈建议你亲自尝试使用本书中的所有点子，并将其应用于你自己的品牌建设或零售业务中，让点子变为现实。我很认真地尝试让本书不只有我对零售营销的观察和建议。除了简单地说出我的想法，我在每一步都试图告诉你我是如何思考的，这样你就可以沿着我的思路继续实践。与几乎所有其他事情一样，符号学研究也是一项团队活动。

感谢你的阅读。

致谢

本书得到联合利华集团的大力支持。非常感谢其消费者市场营销副总裁维贾伊·拉杰（Vijay Raj）十分大方地允许本书使用联合利华集团的例子。十分感谢其消费者市场研究部的基斯·斯莱特，感谢他投入了大量的宝贵时间来帮助我，本书内容才能成功完成。也很感谢其全球消费研究经理艾丽斯·克莱默斯和其法国的消费与商贸研究经理科琳娜·特伦特让我采访她们，并允许我将采访内容与读者分享。

科根·佩奇出版社（Kogan Page）一直给予我作为作者希望得到的支持和鼓励。希瑟·伍德（Heather Wood）和史蒂芬·邓内尔（Stephen Dunnell），感谢你们的细致专业风趣幽默。感谢其法律咨询部的员工和我们坚定、忠诚的自由撰稿人，感谢你们在我写作时承担了许多工作：依琳娜·哈洛宁（Elina Halonen）、乔·劳斯（Joe Lawes）、诺兰·拉希德（Naurin Rashid）和丹尼尔·谢拉德（Daniel Sherrard）都在使本书面世的过程中发挥了作用，对此我感激不尽。

最后，感谢我的丈夫丹尼·马库斯（Denny Marcus），是你的耐心和理解让我们度过了每周 7 天、昼夜不分的 7 个月写作期。很抱歉我们不得不为此将婚礼延期，我希望现在，我们可以抽时间来做这件事了，谢谢你的等待。

参考文献

第一章

Barthes, R (1994) *The Semiotic Challenge*, University of California Press, Berkeley

Bourdieu, P (1979, 1984) *Distinction: A social critique of the judgement of taste*, Routledge, Abingdon

Floch, J-M (2001) *Semiotics, Marketing and Communication*, Palgrave Macmillan, London

Lawes, R (2002) Demystifying Semiotics: Some key questions answered, *International Journal of Market Research*, 44, 3, pp 1–10

Lawes, R (2020) *Using Semiotics in Marketing,* Kogan Page, London

Oswald, L (2012) *Creating Value*, Oxford University Press, Oxford

Sorensen, H (2009, 2016) *Inside the Mind of the Shopper*, Pearson FT Press, Upper Saddle River

Underhill, P (1999) *Why We Buy*, Orion, London

第二章

Delacour, M (2021) Supplier insights: Unilever's five future-facing strategic choices, *Retail Analysis*

Ong, T (2017) Instagram is expanding shoppable photos to thousands of merchants, *The Verge*

第三章

Campbell, C (1987) *The Romantic Ethic and the Spirit of Modern Consumerism*, Blackwell, Oxford

Lury, C (2011) *Consumer Culture*, Rutgers University Press, New Brunswick

Sorensen (2016) *Inside the Mind of the Shopper*, Pearson FT Press, Upper Saddle River

第四章

Goyanes, R (2018) Tomm El-Saieh brings his rhythmic paintings to the New Museum Triennial, *Cultured*

McKinsey & Company (2019) The innovations behind China's Singles Day shopping phenomenon

第五章

BBC News (2021) Shoppers stuck at home shun new clothes in 2020, 22 Jan

Harvard School of Public Health (2021) A crisis on top of a crisis: Covid-19 and the opioid epidemic

Karim, F, Oyewande, A A, Abdalla, L F, Chaudhry Ehsanullah, R and Khan, S (2020) Social media use and its connection to mental health: a systematic review, *Cureus*, 12 (6)

Loftus, E (2017) How can our memories be manipulated? *TED Radio Hour* podcast, 13 October

Lury (2011) *Consumer Culture*, Rutgers University Press, New Brunswick

Office for National Statistics (ONS) (2018) Family spending in the UK

ONS (2020). Coronavirus and anxiety, Great Britain

Workopolis (2014), The reason Mark Zuckerberg wears the same shirt every day

World Health Organization (2017) Depression and other common mental disorders global health estimates

第六章

Baudrillard, J (1995) *Simulacra and Simulation*, University of Michigan Press, Ann Arbor

brennychef. This is the most exciting thing I've ever witnessed. ﹝Reddit﹞29 January 2021.

CNet (2021) 'Robinhood backlash: What you should know about the GameStop stock controversy'

Cunningham, J and Roberts, P (2021) *Brandsplaining: Why marketing is still sexist and how to fix it*, Penguin Business, London

Day, F (2016) *You're Never Weird on the Internet (almost): a memoir*, Sphere, London

Ehrenreich, B (2010) *Smile or Die*, Granta, London

IceFabulous7202. I HAVE SPENT ALL WEEK STARING AT MY PHONE. I HAVE NEVER HAD THIS MUCH ADRENALINE. ﹝Reddit﹞10 March 2021.

leelooodallas. I can feel the serotonin kicking in ﹝...﹞﹝Reddit﹞ 05 February 2021.

McClintock, A (1995) *Imperial Leather: Race, gender, and sexuality in the colonial conquest*, Routledge, New York

OverCaffeinated. @excess_caffeine. If it was empowering, people with power would be doing it. Men, however ﹝...﹞. ﹝Twitter﹞

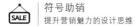

19 March 2021.

Paperchase (2021) Collections: Equilibrium

Paperchase. @FromPaperchase. This image has become a symbol of female empowerment & recognised as such in this form, 〔 ... 〕. 〔 Twitter 〕19 March 2021.

Purple Sneakers. @PurpleSneakers3. Thank you for this inspiring symbolism. Every time I wish to feel more empowered I pull my pants down 〔 ... 〕. 〔 Twitter 〕19 March 2021.

Truth and Beauty. @trashalou. Also @FromPaperchase why are they all white bottoms?. 〔 Twitter 〕19 March 2021.

Sky News (2019) Katy Perry 'saddened' as her shoe line is taken off shelves for being racist

TheRealSamBell. This is the most fun I've had since the pandemic started. 〔 Reddit 〕02 February 2021.

Twl1. It's the energy. There's more than electricity on this board right now, there's real, actual energy 〔 ... 〕. 〔 Reddit 〕29 January 2021.

United Nations (2020) The shadow pandemic: Violence against women during Covid-19

Walton, A. @coolAngieWalton. I know what happened. Some bloke said "I know, let's tell them that even the ones with fat, lumpy bums, matter 〔 ... 〕. 〔 Twitter 〕20 March 2021.

Willis, S (1990) I want the Black one: Is there a place for Afro-American culture in commodity culture?, *New Formations*, 10, Spring

第七章

Bakhtiari, K (2021) The creator economy, NFTs and marketing, *Forbes*

Barry, P (2017) Beginning Theory: *An introduction to literary and cultural theory*, 4th ed, Manchester University Press, Manchester

Brown, A (2020) TikTok's 7 highest-earning stars: new Forbes list led by teen queens Addison Rae and Charli d'Amelio, *Forbes*

Daxue Consulting (2020) The craze for e-commerce gamification in China, from charity to Double 11

Forrester (2020) What to expect on singles'day 2020, *Forbes*

Jensen, K (2016). Allow people to steal from you-it's good for business: why the honor system is creating profit, *Forbes*

Kharpal, A (2020) Alibaba, JD set new records to rack up record $115 billion of sales on Singles Day as regulations loom, *CNBC*

Lahiri, T (*nd*) Facebook finally has a serious Chinese rival, *Quartz*

Sorensen, H (2016) *Inside the Mind of the Shopper*, Pearson FT Press, Upper Saddle River

Vahlo, J and Hamari, J (2019) Five-factor inventory of intrinsic motivations to gameplay (IMG)

Zuboff, S (2019) *The Age of Surveillance Capitalism*, Profile Books, London

第八章

Baudrillard, J (1995) *Simulacra and Simulation*, The University of Michigan Press, Ann Arbor

Blagden, J, Tanner, W and Krasniqi, F (2021) Social fabric: Age of alienation, *Onward*

Ericsson (2019) 10 hot consumer trends 2030 – the internet of senses

Gardner, H and Davis, K (2013). *The App Generation: How today's youth navigate identity, intimacy, and imagination in a digital world*, Yale University Press, New Haven

Griffey, H (2018). The lost art of concentration: being distracted in a digital world, *Guardian*

Harari, Y N (2016) *Homo Deus: A brief history of tomorrow*, Harvill Secker, London

Harvey, D (2019). The outrage economy, *20 Minutes Into The Future*

Konrath S H, O'Brien E H, Hsing C (2011) Changes in dispositional empathy in American college students over time: a meta-analysis, *Personality and Social Psychology Review*, 15 (2), pp 180–98

Maybin, S (2017) Busting the attention span myth, *BBC News*, 10 Mar

McSpadden, K (2015). You now have a shorter attention span than a goldfish

NIHR (2020) Teenagers' use of antidepressants is rising with variations across regions and ethnic groups

Schaubert, V (2019) My disabled son's amazing gaming life in the World of Warcraft, *BBC News*, 7 Feb

Shakya, H B, Christakis, N A (2017) Association of Facebook use with compromised well-being: a longitudinal study, *American Journal of Epidemiology*, 185 (3), pp 203–11

Turkle, S (2017) *Alone Together*, Basic Books, New York

United Nations (2021) UN responds to the global opioid crisis

Vincent, J (2021). This $2,700 robot dog will carry a single bottle of water for you, *The Verge*

第九章

Bodoni, S (2021) Amazon gets record $888 million EU fine over data violations, *Bloomberg*

Bund2Bro (2020) *Hidden China* ep2: China's vibrant livestreaming sales – Is rest of the world missing out?

Flood, A (2019) Plagiarism, 'book-stuffing', clickfarms ... the rotten side of self-publishing, *Guardian*

Forrester (2021) Shoppertainment is landing in Europe

Hyowon, S (2020) Kiosks, are they really convenient?, *Voices of Youth*

Malik, O (2013) Meet the man behind New York's other billion dollar internet company, *Gigaom*

Mckinsey Digital (2021) Live commerce is transforming online shopping

Sims, A and McCabe, K (2021) 7 perfect pick-your-own fruit and vegetable farms in and around London, *Time Out London*

Statista (2021) Alibaba: number of Freshippo stores 2021

Stephens, D (2021) *Resurrecting Retail*, Figure 1, Vancouver

Worthington, D (2019) City Road kiosk is a small store that has a big impact, *betterRetailing*

Zakkour and Dudarenok (2019) *New Retail: Born in China Going Global: How Chinese tech giants are changing global commerce* (independently published)

第十章

BBC News (2016) Amazon files patent for flying warehouse

Bloomberg (2019) Lululemon opens workout studio where visitors can borrow clothes

Brin, David (2020) 'Are old-style humans obsolete? The many sins of faddish techno-prophecy' in John Schroeter, ed, *After Shock: The world's foremost futurists reflect on 50 years of Future Shock – and look ahead to the next 50*, Abundant World Institute, Bainbridge Island

Buntz, B (2020) In Japan, smart city projects have a social dimension, *IoT World Today*

CNN, (2019) This Gillette ad shows a man teaching his transgender son to shave

Core77 (2016) Carvana Car Vending Machine

Dowd, M (2020) Elon Musk, blasting off in domestic bliss, *New York Times*

Ganninger, D (2020) Why are daytime dramas called soap operas, *Knowledge Stew*

Gray, M and Suri, S (2019) *Ghost Work*, Houghton Mifflin Harcourt, Boston

Harari, Y N (2016) *Homo Deus: A brief history of tomorrow*,

Harvill Secker, London

Huang, A (2020) Who is millionaire Li Jiaqi, China's 'Lipstick King' who raised more than US$145 million in sales on Singles Day, *South China Morning Post*

Kelly, K (2016) *The Inevitable: Understanding the 12 technological forces that will shape our future*, Penguin, London

Ministry of Defence (2021) Human augmentation – the dawn of a new paradigm

Pardes, A (2018) Meet the illustrator diversifying Airbnb's image, *Wired*

Reedy, S (2017) Ray Kurzweil claims singularity will happen by 2045, *Futurism*

Poole, S (2018) The truth about smart cities: 'In the end, they will destroy democracy', *The Guardian*

Reuters (2017) Robocop joins Dubai police to fight real life crime

Schwab, K (2016) *The Fourth Industrial Revolution*, Portfolio Penguin, New York

Schwab, K and Malleret, T (2020) *Covid-19: The Great Reset*, Forum Publishing, Geneva

Smart Cities World (2020) Seoul's smart city platform based on 'citizens as mayors' philosophy

Sorensen, H (2016) *Inside the Mind of the Shopper*, Pearson FT

Press, Upper Saddle River

Stephens, D (2014) The future of retail: Death of a Salesman, *Retail Prohet*

Tegmark, M (2017) *Life 3.0: Being human in the age of Artificial Intelligence*, Penguin, London

Turkle, S (2017), *Alone Together: Why we expect more from technology and less from each other*, Basic Books, New York

The Verge (2021) Mark Zuckerberg is betting Facebook's future on the metaverse